Kerstin Wendel

Schwimmkartoffeln und Gebet

*Neue Alltagssachen
zum Weinen und Lachen*

BRUNNEN
Verlag Giessen · Basel

Kerstin Wendel, Jahrgang 1965, verheiratet mit Dr. Ulrich Wendel,
zwei Kinder, Studium der Fächer Deutsch und Musik für
Sekundarstufe 1. Nach einigen Jahren im Schuldienst heute tätig
als Familienfrau und Instrumentallehrerin, Autorin und Referentin.
Sie lebt in Wetter an der Ruhr und ist zu Vorträgen und
Leseveranstaltungen in ganz Deutschland unterwegs.
www.kerstinwendel.blogspot.com

Bislang von Kerstin Wendel im Brunnen Verlag erschienen:
Was heißt hier „schön"? Eine Frau findet ihre Lebensspur
Apfelessig und Gebet. Alltagssachen zum Weinen und Lachen

Die Bibelstellen sind bis auf Ausnahmen
der Übersetzung *Hoffnung für alle®* entnommen,
Copyright © 1983, 1996, 2002 by Biblica Inc.™.
Verwendet mit freundlicher Genehmigung des Verlags.
Alle weiteren Rechte weltweit vorbehalten.

Die mit (L) gekennzeichneten Verse sind zitiert nach der Lutherbibel,
revidierter Text, durchgesehene Ausgabe in neuer Rechtschreibung,
© 1999 Deutsche Bibelgesellschaft, Stuttgart.

© 2012 Brunnen Verlag Gießen
www.brunnen-verlag.de
Lektorat: Petra Hahn-Lütjen
Umschlagmotiv: Ariwasabi/Shutterstock
Umschlaggestaltung: spoon design, Olaf Johannson
Satz: Die Feder GmbH, Wetzlar
Druck und Bindung: CPI – Ebner & Spiegel, Ulm
ISBN 978-3-7655-4160-5

Gewidmet meinen Eltern
und Schwiegereltern

sowie allen meinen Weggefährten,
die vor Schritten des Vertrauens stehen

Inhalt

Vorwort

Mein Alltag!
Sie werden in diesem Buch wahre Geschichten aus einem manchmal unglaublichen Alltag lesen. Darin finden Sie eine erstaunliche Mischung aus Chaos und Wundern. Für mich haben sich daraus echte Glücksmomente oder auch tiefe Traurigkeit ergeben, manchmal auch neue Erkenntnisse.

Sie werden manche Mitmenschen kennenlernen und jede Menge Menschlichkeit nacherleben.

Vielleicht ist es also genauso wie bei Ihnen, Ihrer Freundin, Ihrem Ehemann und Ihrem Friseur. Oder jedenfalls so ähnlich.

Mein Gott!
Ja, was hat denn *der* mit dem Friseur, dem Ehemann und der Freundin zu tun?

Jede Menge! Er ist zu finden auf dem Bahnsteig in Kassel, beim Telefonieren, im Altersheim und im Keller zwischen schwimmenden Kartoffeln. Lesen Sie einfach mal rein!

Und danach? Stürzen Sie sich in Ihren Alltag!
Suchen Sie Gott in Ihren Sorgen und all den Wirren und Wonnen, die Ihr Alltag so mit sich bringt. Das ist mein Wunsch für Sie persönlich. Dann können Sie die einzigartige Erfahrung machen, die Sie nicht vorher planen können: Er lässt sich dort finden.

Und: Achtung, das könnte Ihre Sichtweisen und Sorgen auf den Kopf stellen.

Noch einige **Lesehinweise:**
Wie im ersten Band auch (Apfelessig und Gebet – Alltagssachen zum Weinen und Lachen) finden Sie unter jeder Geschichte einen Satz aus der Bibel. Die Geschichte dient nicht dazu, einen Vers textgetreu zu interpretieren. Aber der Satz, der Vers, soll den Bogen schlagen von unseren Worten zu den Worten, die Gottes Worte sind.

Die Geschichten sind über den Zeitraum mehrerer Jahre entstanden. Deshalb begegnen Sie meinen Kindern in unterschiedlichem Alter und uns als Familie an unterschiedlichen Wohnorten.

Und zuletzt: Alle genannten Personen außerhalb meiner Familie erscheinen verfremdet, sind aber mit der Veröffentlichung einverstanden.

Danken möchte ich allen Menschen, die zu meinem Leben gehören und Teil dieses Buches sind. Ihr macht mein Leben reich, fordert mich heraus, und es ist beglückend, gemeinsam unterwegs zu sein.

Danken möchte ich wie immer besonders meinem Mann, Ulrich, für konstruktive Mithilfe und Unterstützung. Danken möchte ich meiner Lektorin, Petra Hahn-Lütjen, für alle Begleitung und das Vertrauen in meine Arbeit. Danken möchte ich meinen Weggefährten, die meine Arbeit begleiten.   *Kerstin Wendel, im Sommer 2011*

1. Schwimmkartoffeln und Gebet

F.R.O.G.! Ein unscheinbares froschgrünes Band mit dieser Aufschrift! Es lag schon Monate bei uns im Badezimmer. Wir haben es irgendwann geschenkt bekommen, und ich hätte es auch gern getragen, wenn es nicht grün gewesen wäre. Grün ist nichts für mich. Aber es ist etwas für Nils, meinen Sohn. „Mama, was heißt denn das nun eigentlich – F.R.O.G.?" Wir machen uns zu zweit Gedanken und kriegen es auf Anhieb nicht heraus, aber Lisanne, unsere Große mit großer Liebe für das Englische, weiß natürlich weiter: Fully rely on God! Mit anderen Worten: Verlass dich ganz auf Gott! Vertraue!

Nils möchte das Armband tragen. Gut so. Dann wird es doch wenigstens benutzt und liegt nicht nur herum.

Einige Tage später wird dieses Band zu meiner Herausforderung. Nichts ahnend möchte ich an einem ganz normalen Montagnachmittag in den Keller gehen, hatte mir vorgenommen, zwei Mal Wäsche zu waschen. Als ich die Tür aufmachen will, kommt es mir schon entgegen: Wasser, überall Wasser! Ich schreie: „Nils, komm mal, wir müssen die Stelle suchen, aus der das kommt." Wir zwei, in Windeseile mit Gummistiefeln bewaffnet, hinein in den Keller. Von den fünf kleinen Räumen hat es vier erwischt. Ach du liebe Zeit! Blitzschnell versuche ich einen Überblick über das ganze Chaos zu gewinnen: Noch nicht fertig ausgepackte Umzugskartons sind dabei, sich vollzusaugen, daneben feuchte Regale, schwimmende Kartoffeln, nasse Rollschuhe, eklig durchweichte Schmutzwäsche. Grauenvoll.

Nach zehn Minuten haben wir die zwei Stellen gefunden, die den Schaden verursacht haben. Nun heißt es telefonieren und parallel retten, was noch zu retten ist. Wie mechanisch erledige ich alles Mögliche.

Stunden später. Alle Wasserhähne im Haus laufen, mein Mann Ulrich flitzt zwischen den Etagen, den dort laufenden Wasserhähnen und dem Keller hin und her. Im Waschkeller arbeitet der Mann von der Rohrreinigung mit Lärm und Eifer. Und ich? Ich sitze auf der Treppe in dem ganzen Chaos und füge allem vorhandenen Wasser noch meine Tränen hinzu. Ich kann nicht mehr. Stimmt, ein Wasserschaden ist kein sehr großes Problem, weswegen frau weinen muss. Er *wäre* kein großes Problem, wenn die vergangenen zwölf Monate wegen der Umzugsvorbereitungen und immer wieder irgendwelcher Extraarbeiten nicht schon genügend Nervenkitzel, Aufregung, viel Arbeit und Mühen mit sich gebracht hätten. Dann müsste ich jetzt nicht unbedingt weinen. Aber so kann ich nicht mehr. Und draußen auf der Terrasse, die wir doch nun endlich mal kistenfrei hatten nach den Umzugswochen, türmen sich Kartons aus dem Keller. Großartig.

Neben meiner Trauer ist da auch jede Menge Wut: Gott, wo bist du denn eigentlich? Anscheinend gerade nicht bei uns im Ruhrgebiet. Vielleicht beschäftigt in Afrika? Ich kann das verstehen. Da haben die Menschen ganz andere

Probleme als wir hier im zivilisierten Abendland, wo wir schon zu viel kriegen, wenn wir Spülmaschine und Toilette für einige Stunden in einem vierköpfigen Haushalt nicht benutzen können.

So. Der Handwerker ist fertig. Die Hähne werden abgestellt. Keine Zeit mehr für Tränen. Oder? Der ganze Spaß kostet über vierhundert Euro. Da könnte man ja gleich wieder losheulen, aber was nützt das schon? Ich höre von anderen Menschen und Wasserschäden hier in deutschen Landen, nicht in Afrika, denn unser Handwerker ist ins Plaudern gekommen. Es könnte also alles viel schlimmer sein.

F.R.O.G.! Plötzlich ist das grüne Band in meinen Gedanken: Verlass dich voll auf Gott! Ich merke, ich kann im Moment gar nichts anderes machen, als genau das zu tun: Gott sagen: „Du, ich spreche dir mein Vertrauen aus, trotz meiner Wut, meiner Hilflosigkeit, meiner totalen Überforderung und auch der Sorge, ob vielleicht morgen schon eine neue Hiobsbotschaft auf mich zukommt. F.R.O.G.!"

Das war nämlich nicht die einzige schlechte Nachricht in dieser Zeit. Wir hatten Wochen zuvor schon einmal einen Rohrbruch gehabt, außerdem eine misslungene Reparatur an dem Terrassendach, einen von mir verschuldeten Blechschaden an einem anderen Auto mit anschließender Anzeige wegen vermeintlicher Fahrerflucht und nun zum zweiten Mal: Land unter!

Aber jetzt bin ich bei F.R.O.G.! Hier an diesem Montagabend im nassen Keller. Plötzlich geht es mir gut mit dem grünen Band: Ich kann nicht nur überhaupt nichts anderes machen, ich *muss* auch nichts anderes machen. Ich erinnere mich: Nichts anderes wünscht sich Gott, außer dem einen, dass ich trotz allem an ihm festhalte. Man kann also auch glauben lernen im Keller, im Chaos, in der Überforderung. Vielleicht kann man es dort am besten lernen. Mit einem Mal bekommt meine Seele Aufschwung, weil ich denke: Was kann mir schon im Leben noch passieren? In allem, was mir passiert, werde ich nur eines „leisten" müssen: Vertrauen! Egal, was noch auf mich zukommen wird – an Chaos, Schrecken und Unvorhersehbarem –, ich bin nicht allein damit. Ich bin immer noch zu zweit. Mehr als das Vertrauen, dass Gott auch mit meinem Leben klarkommt, wird nicht nötig sein. Ist ja ganz schön einfach, oder? Obwohl ja eigentlich gerade alles doch gar nicht so einfach ist!

Es bleibt nun noch eine Stunde zum Sichten und Putzen, bevor wir ins Bett fallen werden. Und siehe da: Erstaunlicherweise ist nur ganz wenig wirklich hin! Das meiste konnte gerettet werden, vieles wird man reinigen können, nur ein Regal muss komplett ersetzt werden. Es wird eine Menge Arbeit werden, für die keiner Zeit hat, von der Lust dazu mal ganz zu schweigen, aber es hätte viel schlimmer kommen können. Hätte ich nicht zum zweiten Mal nach der Wäsche geschaut, dann hätten wir den Schaden sicher erst einen halben Tag später bemerkt, beim nächsten Gang zur Waschmaschine. Nicht auszudenken!

„Vielleicht ist das die Arbeit, die Gott hier übernommen

hat", sagt mein Mann zu mir, als ich ihn dann doch noch mal frage, wo Gott denn eigentlich heute Nachmittag seiner Meinung nach beschäftigt war, „aufzupassen in all dem Chaos."

Stimmt, ich muss ihm recht geben. Vielleicht war das die Bewahrung in all dem Übel. Es ist nicht wirklich viel bleibender Schaden zu beklagen.

F.R.O.G. – ich gehe heute Abend mit einem kleinen grünen Band ins Bett, das vor meinem inneren Auge im Keller herumschwimmt zwischen Werkzeugen, Wäschestücken und Schwimmkartoffeln.

Na dann, gute Nacht.

„Verlass dich nicht auf deine eigene Urteilskraft, sondern vertraue voll und ganz dem Herrn! Denke bei jedem Schritt an ihn; er zeigt dir den richtigen Weg und krönt dein Handeln mit Erfolg." Sprüche 3,5–6

„Aber Gott wollte, dass wir uns nicht auf uns selbst verlassen, sondern auf ihn, der die Toten zu neuem Leben erweckt." 2. Korinther 1,9b

2. Scherben bringen dennoch Glück – oder: Was man von einem Waschbecken lernen kann

———— •◆• ————

Es war gerade mal ein paar Tage eingebaut, da hatte das schöne weiße Ding bereits zwei hässliche Risse. Die Rede ist von unserem Waschbecken.

Der Vorbesitzer des Hauses hatte das bisherige Waschbecken doch tatsächlich samt Unterschrank abmontiert und entfernt. Gibt's denn so etwas? Als wir einzogen, hatten wir also im neuen Haus mit dem „schönen" holzgetäfelten Badezimmer zunächst nur WC und Dusche. Und anstelle des Waschbeckens gab es eine dicke Lücke mit unansehnlichen Kacheln drumherum. Na super!

Mein Schwager Andreas kann „so was". Der war freundlicherweise bereit zu kommen und ein Waschbecken einzubauen. Der beste aller Ehemänner hatte das neue „Prunkstück" im Baumarkt gekauft, ein sehr günstiges Exemplar, denn wir sind am Sparen. Ich hatte gedacht, so etwas baut man in einer Stunde ein. Aber das dauerte dann schon seine liebe lange Zeit und selbst Andreas bekam es nicht ohne weitere Fahrt zum Baumarkt hin, weil dann doch irgendein Teil fehlte.

Aber dieser Samstag sollte nicht zu Ende gehen, ohne

dass Wendels ein Bad mit Waschbecken aufweisen und benutzen konnten.

Ich weiß gar nicht mehr, ob es Tage oder Stunden „danach" waren, jedenfalls schaffte es der beste aller Ehemänner ziemlich bald, sein Deo (Glasflasche!) ins Waschbecken fallen zu lassen. Plumps. Und die Sprünge waren da. Zwei lange hässliche Risse.

Na super!

Das hat er ja wieder toll hingekriegt. Mir gelang kein versöhnliches Wort, obwohl er das nicht mit Absicht gemacht hatte. Ihm passieren eben solche Sachen. Dass mir solche Sachen auch passieren und dazu eine Menge anderer, das hatte ich damals nicht im Blick. Ich ärgerte mich.

Die Zeit ging ins Land. Jeden Tag benutzten wir mehrfach unser zersprungenes Waschbecken. Man kann sich daran gewöhnen. Natürlich wollten wir das irgendwann erneuern, aber jetzt waren erst mal andere Sachen wichtiger: Kartons auspacken, Einarbeiten in einen neuen Beruf, Regale einräumen, Alltag eben.

Und dann machte es noch mal plumps, viel lauter und energischer als beim ersten Mal. Mir, der noch nie Teile aus dem Badezimmerschrank herausgepurzelt waren (wirklich nie), segelten zwei massive, gefüllte Cremetiegel aus Porzellan mit einer Menge kostbarer Q10-Enzyme herunter. Blitzschnell, laut und heftig. Das waren Sprünge im Waschbecken! Wie ein kleines Gewitter sah nun unser Waschbecken aus: kleine und große Risse in vielen Richtungen, dazu noch kleine Teile aus Porzellan, die abgebröckelt waren. So tauchte jetzt ein hässliches dunkles Grau im weißen Waschbecken auf.

Na super!

Ich schrie ein Wort, das zum Badezimmer passt, und blitzschnell waren Sohn und bester Ehemann zur Stelle, besahen sich das ganze Elend. Genauso blitzschnell fiel es mir wie Schuppen von den Augen: Die Besserwisserin hatte gerade eine Lektion gelernt.

Und so sagte ich zu meinem verdutzten Ehemann: „Ich entschuldige mich aufrichtig dafür, dass ich meinte, mir könne so etwas nicht passieren."

Davon abgesehen: Wer ist es denn, die ständig ihre Schlüssel verlegt, auch schon mal dafür gesorgt hat, dass samstags der Schlüsseldienst kommen musste? Nun, die beste Ehefrau von diesem Ehemann mit dem heruntergepurzelten Deo. Das musste mir keiner sagen, das alles fiel mir in dem Moment von selbst ein.

Das Waschbecken ist nun richtig hin, Andreas zurzeit sehr beschäftigt und wir werden sehen müssen, wer uns ein neues aus dem Baumarkt anbringt. Im Augenblick finde ich es richtig gut, mehrmals am Tag im Badezimmer eine Lehre erteilt zu bekommen: lautlos, stumm und sehr deutlich. Sie lautet: Jedem kann alles Mögliche passieren. Keiner ist besser als der andere.

Scherben können also eine Menge Glück bringen, ein Ehehandbuch ersparen und eine visuelle Lehre sein, die es in sich hat.

Echt super!

Übrigens. Zwei Dinge habe ich mir dann im Badezimmer vorgenommen: Ich werde ab und an ein Handtuch ins neue Waschbecken legen. Das wird meine Enzyme und andere Kostbarkeiten lautlos auffangen, wenn sie denn in einem Porzellantiegel stecken und heruntersegeln könnten. Mal sehen, wie lange ich mich an diesen Vorsatz wirklich erinnere. Jedenfalls:

Das ist die leichte Übung.

Darüber hinaus werde ich hoffentlich zusammen mit dem besten Ehemann Missgeschicke feiern: damit rechnen, dass sonderbare Dinge bei uns passieren, mir mal kurz auf die Zunge beißen, anschließend stöhnen oder loslachen: „Wir mal wieder …!" Barmherzigkeit einüben, mir gegenüber, anderen gegenüber.

Ganz klar:

Das ist die schwerere Übung.

Vielleicht sollten wir das rissige Waschbecken doch noch eine Weile hängen lassen?

Sozusagen als Mahnmal?!

„Wie goldene Äpfel auf einer silbernen Schale ist ein rechtes Wort zur rechten Zeit."   *Sprüche 25,11*

3. Nicht länger sorgensolo

Um mich herum ist es recht still. Höre nur die typischen Schlafgeräusche des besten Ehemannes auf der Welt. In mir drin ist es nicht still. Ich bin unruhig, wälze mich im Halbschlaf hin und her, wälze Probleme, die in der Nacht nicht zu lösen sind. Und am Tag leider auch nicht. So etwas gibt's.

Leider bin ich nicht so ein sorgloser Brummbär, der sich trotz Sorgen ins Bett packen kann und acht Stunden lang alles völlig vergisst. Manchmal gehen meine Sorgen mit ins Bett, obwohl ich das nicht will. So etwas gibt's. Mittlerweile weiß ich, dass ich auch damit nicht allein auf der Welt bin.

Am nächsten Morgen fasse ich mir ein Herz und schreibe meiner Freundin Inge zwischen Wäsche falten und Klavierunterricht vorbereiten eine Mail. Zu lange geht dieses Problem jetzt schon mit mir. Ich schreibe einfach nur, dass ich Sorgen habe und dass es mir guttun würde, wenn sie für mich betet. Große Erwartungen habe ich nicht daran, aber es tut gut, nicht mehr solo mit den Sorgen zu sein.

Irgendwann am Tag klingelt das Telefon, eigentlich will meine Familie gerade mit dem Mittagessen loslegen. Es ist Inge. Ob es dabei bleibt, dass sie mir morgen das versprochene Gefriergut vorbeibringen kann, und ob wir dann nicht noch zusammen beten wollen. Nur wenn ich will.

Inge ist nicht so eine, die sich aufdrängt. Ich weiß, dass ich jetzt problemlos „Nein" sagen könnte.

Und eigentlich will ich das auch. Was soll das schon bringen? Ich kenne genug Mutmachsprüche gegen Sorgen und viele Bibelverse dazu, bin aber leer im Moment. Nichts davon berührt mich und scheint mir zu helfen.

„Oder passt es dir nicht?", fragt Inge freundlich wie immer in den Telefonhörer hinein. „Doch, wir machen das!", höre ich mich antworten. Ich habe ihr das geantwortet, obwohl es eigentlich mittags nicht sonderlich passen wird, zwischen Auflauf, dem Bericht von der Mathestunde, der Mittagsmüdigkeit. Plötzlich reizt mich ihr Angebot.

Ich bin nicht so eine, die jeden dritten Tag bei Inge oder anderen wegen irgendeinem Kummer anklingelt. Und Inge weiß das. Sie weiß: Das ist jetzt richtig wichtig. Deshalb will sie neben mir sitzen zum Reden und nicht nur telefonieren.

Der Mittwochmittag kommt. Meine Leute sind gut gesättigt und verziehen sich auf die Schaukel und in die Leseecke. Ich gehe mit Inge zu unserer Gartenbank. Hier haben wir Ruhe. Und dann betet Inge für mich. Ich merke ganz genau, dass ich selbst in diesem Moment nichts von dem allen, was sie betet, glaube oder erhoffe. Ich höre ihr einfach nur zu. Vielleicht schaffe ich noch ein „schön wär's", aber mehr ist auf keinen Fall bei mir drin. Sie betet so mit mir, wie ich auch oft mit anderen bete, die mit ihren Sorgen kommen und nicht mehr allein damit sein wollen. Wer ist schon gerne solo mit seinen Sorgen?

Inge hört gar nicht so schnell mit dem Beten auf. Mensch, die hat Ausdauer. Sie betet hauptsächlich dafür, dass ich Abstand bekomme. Sorgenabstand. Genau das, was ich brauche und was ich mir weder durch Arbeit noch durch andere Ablenkung bisher verschaffen konnte.

Inge muss zum Reha-Sport. Nach acht Minuten auf der Gartenbank ist sie weg. Ich gehe in unsere Küche, Routine-arbeit. Das ist gut so.

Einige Stunden später stehe ich wieder dort, Zeit fürs Abendessen. Ups! Habe ja heute Nachmittag gar nicht an meine Sorgen gedacht! Erst jetzt fallen sie mir wieder ein. Aber der Nachmittag war eindeutig sorgenfrei. Ich freue mich. Bin erleichtert. Hab das Gefühl, wieder neuen Fahrt-wind erhalten zu haben. Ist Gott tatsächlich so freundlich und liebevoll, auch Gebete zu erhören, die ich nur abni-cke? Ist er tatsächlich so gut, auch das zu erhören, was gerade nur Inge glauben kann? Habe ich jetzt eben mal Gottes tüchtige Hilfe erlebt, so wie andere sie auch oft er-leben, wenn wir zusammen Gottes Hilfe suchen?

Ich lerne aber noch mehr an diesem Mittwoch in meiner Küche. Die Tricks und Kniffe im Fall von Dauersorgen sind alle gut: sich ablenken, den täglichen Aufgaben nach-kommen, Sport machen, Gemeinschaft mit anderen su-chen. Vielleicht sogar noch Klavier spielen, singen, reiten, Keller entrümpeln. Aber die Erfahrung von echter Power, von echter Gotteskraft, die ist dann noch mal eine andere.

Da bleibt mir nur, Danke zu sagen, nicht nur bei Inge, sondern auch bei Gott himself. Wenn ich die Gartenbank sehe, werde ich mich wohl ab und zu erinnern: Ich muss nicht solo mit meinen Sorgen bleiben.

„Ladet alle eure Sorgen bei Gott ab, denn er sorgt für euch."　　　　　　　　　　　　　　*1. Petrus 5,7*

„Macht euch keine Sorgen! Ihr dürft Gott um alles bitten. Sagt ihm, was euch fehlt, und dankt ihm."　　*Philipper 4,6*

4. Meister Proper
und seine Freundinnen

———— •◆• ————

„Hallo, Birte. Mensch, haben wir lange nichts voneinander gehört …" Haben wir wirklich nicht. Meine langjährige Freundin Birte wohnt einige Hundert Kilometer von mir entfernt. Wir haben beide ein vollgepacktes, schönes Leben. Und heute haben wir es tatsächlich mal wieder geschafft, miteinander am Telefon zu klönen.

„Gestern hab ich ganz schlecht geschlafen", höre ich Birte klagen. Nun, da bin ich aber sehr gespannt. Normalerweise bin ich diejenige von uns beiden, die öfter mal schlecht schläft.

„Soooo, du hast schlecht geschlafen?"

„Es hängt mit meinem Fest zusammen, das Ende der Woche geplant ist!", schüttet Birte ihr Herz aus. Meine Freundin hat mal wieder eine ihrer tollen Ideen: Einfach so ohne Anlass feiert sie ein Fest, hat einige liebe Menschen am kommenden Freitag zu sich eingeladen. Ich finde das richtig klasse. Dass sie allerdings nicht gut schläft deswegen, das gefällt mir nicht. Da hake ich als fürsorgliche Freundin natürlich nach. „Ich weiß nicht, wie ich noch alles schaffen soll."

„Was willst du denn noch schaffen?"

„Ich muss bis dahin unbedingt noch die Küchenschränke von innen wischen und die gesamten Regale im Wohnzimmerbereich aufgeräumt und gesäubert haben", sagt meine Freundin Birte.

Meine Gesichtszüge entgleisen, ich ringe um Fassung. Was hat sie da eben von sich gegeben? Sie will noch die Küchenschränke von innen …?

Natürlich gibt es solche Frauen, die so etwas vor den Geburtstagen oder anderen hohen Feierlichkeiten erledigen. Ich habe schon davon gehört, dass es solche Hausfrauen geben soll. Ich habe auch schon von Frauen gehört, die bei WMF Zitronenpressen bestellen für die teetrinkenden Gäste, die sich angemeldet haben. Andere Fleißige planen die Gardinenwäsche exakt für Mittwoch, obwohl der Tag mit Arztbesuch und anderen Pflichten schon bis zum Anschlag ausgefüllt ist. Denn abends kommen Freunde mit Keksen oder die Schwiegereltern mit Blumen. Deshalb. Da müssen doch die frischen Gardinen hängen. Aber so ist meine Freundin Birte doch nicht!

Kinder hat sie, die Birte, auch welche im Teenageralter. Da gibt es doch zwei Prioritäten, Birte, wenn du wirklich Zeit haben solltest: Entweder gehört dir diese Zeit, denn du brauchst Kraft als Mutter, richtig viel Kraft. Manchmal fehlt dir diese Kraft, du warst öfter krank in der letzten Zeit. Oder deinen Kindern gehört diese Zeit! Mach ein Kreuzworträtsel aus der Zeitschrift „Tierfreund" mit dem Kleinen oder stell Popcorn her mit deiner Zehnjährigen oder schnapp dir das Geschichtsheft von deinem Achtklässler und erinnere dich an Karl den Großen. Wenn der gerade das Thema ist in Klasse 8.

Aber Birte will Regale und Schränke wischen, als hätte sie ein Abkommen mit Meister Proper geschlossen. Meine Freundin Birte hat sich das vorgenommen, die Birte, in deren Leben im Allgemeinen viele Menschen und wichtige Anliegen ihren Platz haben. Sie, die für einen Menschen in Not oder eine wichtige Veranstaltung in der Gemeinde alles stehen und liegen lässt.

Keinen von meinen Gedanken kann ich sagen, das steht fest.

Da setzt sie noch einen nach: „Weißt du, einige erwarten das so!"

„Was?", das wird ja immer schlimmer! Dachte ich zunächst, es wäre reiner Perfektionismus, der sie antreibt, so ist nun klar, dass die Sache viel komplizierter ist.

„Woher weißt du das denn?" Da bricht es aber schon aus Birte heraus, dass das eben Thema sei, wenn einige ihrer Freundinnen zusammen sind: das Geschirr, die passenden Accessoires auf dem Tisch, die gesamte Deko, das aufwendige Essen, das Outfit der Wohnung, die Gestaltung des Gartens, die Dekoration der Terrasse. Ob man da mithalten kann, und dass dieses und jenes einfach Standard ist.

Fast wäre mir herausgerutscht: „Was hast du denn da für Freundinnen eingeladen?" Aber den Satz habe ich mir zum Glück verkniffen. Stattdessen höre ich mich sagen: „Weißt du, Birte, wenn ich bei dir eingeladen wäre, dann hätte ich maximal zwei Erwartungen an dich: dass der Teppich gesaugt ist und ich die Toilette gut benutzen kann. Mehr nicht."

Verdutzte Stille am anderen Ende der Leitung. Erst jetzt im Gespräch wird ihr klar, wie sehr sie sich in ihren Plänen für ihr Freitagsfest von den Erwartungen anderer Menschen abhängig gemacht hat. So abhängig, dass sie nicht schlafen kann, die gute Birte!

Nun bin ich nicht gegen das Regalewischen. Das muss zu meiner Ehrenrettung gesagt werden. Es ist höchstens fünf Tage her, dass ich mir eins vorgenommen habe. Ehrlich. Aber ich möchte, dass es meiner Freundin trotz Feierlichkeiten gut geht.

Wir haben nun schon lange geplaudert, müssen beide noch etwas tun. Birte auf jeden Fall hat ja noch das volle Programm vor sich. Also machen wir Schluss. Allerdings nehme ich mir etwas vor. Ich will noch vor Birtes Feier wieder bei ihr anrufen.

Einige Tage später. Ich klingle am Freitagmorgen ganz kurz bei Birte durch. Will doch wissen, wie es mit den Regalen steht … Nein, nein, tatsächlich will ich hören, wie es Birte geht, ob sie besser geschlafen hat.

Ich treffe sie völlig relaxed an, während ich aus dem letzten Loch pfeife, weil ich mich gestern im Haushalt ausgetobt und zu kurz geschlafen habe. Tja. Birte dagegen ist guter Dinge, sitzt entspannt am Frühstückstisch, fernab von offen stehenden Küchenschränken. Sie hat die Aktion also verschoben, weil sie ihr wirklich die Woche gesprengt hätte. Ich freue mich für sie.

Wenn ich an meinen gestrigen Tag denke, dann werde ich nachdenklich. Kann das denn sein, dass mich Meister

Proper und seine Freundinnen auch gerade wieder eingeholt haben? Musste das wirklich alles sein, was ich getan,
geputzt, gebacken, telefoniert, verziert habe? Wäre es nicht
besser gewesen, wenn ich auf den Kuchenguss verzichtet
hätte? Für mich, für meine Familie? Mhm ...

Bei Birte dagegen hat unser Gespräch für eine wahre
Herzenserleichterung gesorgt. Sie schläft wunderbar in ihren Feiertag hinein. Sie ist so relaxed an diesem Freitag,
dass sie als Familie sogar mit den Vorbereitungen zu spät
starten. Das erfahre ich dann im Nachhinein. Plötzlich
musste manches noch ruck, zuck erledigt werden, damit
wenigstens das Grobe gemacht war. Natürlich passierte
dann das, was gerade noch gefehlt hat. Bei der eiligen Mithilfe aller geht ein Glas zu Bruch. Statt Schränke von innen
zu wischen ist es dran, möglichst schnell den Fußboden
trocken und scherbenfrei zu bekommen. Für Meister Proper reicht die Zeit nicht mehr. Nur noch für klares Wasser.
Hoppla, da klingeln schon die ersten Freundinnen!

Wir müssen beide lachen, als sie mir das später alles erzählt. Ehrlich, Birte, das habe ich nun wirklich nicht ge-
wollt. Aber das muss ich ihr gar nicht sagen. Wir wissen
beide, dass wir schon manches anders machen, als frau es
tun sollte, früher oder im Allgemeinen oder bei den wirklich richtig guten Hausfrauen. Oder aus der Sicht von
Meister Proper. Und wir wissen auch: Es wirklich anders
zu machen ist gar nicht so leicht.

Auf dem Weg dahin sind wir einander gute Freundinnen, wollen uns entlasten von zu hohen Erwartungen, wol-

len feiern und telefonieren und Regale putzen. Alles zu
seiner Zeit.

*„So kam ich zu dem Schluss, dass es für den Menschen
nichts Besseres gibt, als sich zu freuen und das Leben zu
genießen."* Prediger 3,12

5. Gesucht: Ruhige Fünfzimmer-
wohnung mit kleinem Garten

———— ◆ ————

Es ist Februar, noch richtig kalt. Mein Ehemann sitzt vor dem PC an einem ganz normalen Samstagvormittag. Ich linse ihm mal eben über die Schulter: „Na, was machst du so?" Keine Sorge, jeder von uns beantwortet seine elektronische Post ohne familiären Mitleser. Aber er beantwortet gar keine Mail, er ist bei Immobilienscout unterwegs und schaut sich Wohnungen an.

„Uli, was macht du denn da?", frage ich erstaunt. Wir werden Anfang Juli umziehen, weil mein Mann dann seine neue Arbeitsstelle antritt. Das wissen wir alle, aber das ist doch noch eine Ewigkeit hin.

„Ich guck nur mal", murmelt mein Bester. Und ich weiß sofort an seinem Ton, was angesagt ist. Er macht sich über etwas Sorgen, über das ich mir noch keine mache und keine machen soll.

Nein, das tue ich beim besten Willen nicht. Denn meiner Meinung nach ist etwas ganz anderes angesagt. Ausmisten ist angesagt, und zwar im gesamten Haushalt Wendel. Und zwar für alle! Mitte Januar habe ich begonnen und ich weiß, das wir alle gut zu tun haben werden bis Juni, um dies Projekt zu meistern. Wir werden rund vierzehn Jahre Leben mit Kindern ausmisten, vielleicht sogar mehr als das, weil im Keller auch noch vom Studium … aber Schluss jetzt.

„Aber Uli, das hat doch jetzt noch gar keinen Sinn", höre ich mich antworten. Hat es ja auch nicht, denn die jetzt angebotenen Wohnungen im Ruhrgebiet werden schon in zwei Monaten frei. Das wäre dann April, also viel zu früh für uns. „Ich will mir nur mal einen Überblick verschaffen", höre ich die Stimme vom PC.

Na, gut.

In null Komma nichts hat er Lisanne, unsere Große, angesteckt, das war klar. Die sitzt nun mit Papa in den folgenden Wochen immer mal wieder am PC – und sucht die Traumwohnung für Wendels! Total lieb von ihr. Irgendwann präsentieren beide ihre ersten Funde. Manchmal weiß ich nicht, womit die beiden eigentlich ihre Zeit vertun, kommen sie doch mit einer Wohnung auf dem Bauernhof an. Klar, schön in der Natur, das mögen wir alle. Nur dass das Ding so aussieht, als wenn man sich als Familie gern samstags als Erstes zum Frühstück bei Obi versammelt, samstags gegen 9 Uhr, um dann anschließend loszulegen: Fliesen kaufen, Eimer mit Farbe und jede Menge Abdeckfolie. Hallo, so sind wir aber doch gar nicht. Wir sind nie samstags um 9 Uhr – vor oder nach dem Frühstück – beim Baumarkt, eigentlich nie!

Ich seufze also, wenn sie ihre Entdeckungen präsentieren. Und mache mir keine Sorgen. Ab April werde ich auch mithelfen, nach einer Wohnung zu suchen. Das ist dann doch eine gute Zeit.

Sehr schnell komme ich im April allerdings zu der Einschätzung, die Uli schon lange mit sich herumträgt: Das, was wir suchen, gibt es nicht! Eine bezahlbare Wohnung, wo wir vier samt Arbeitszimmer, Fahrrädern, Klavier, Gitarren und Saxofon reinpassen, möglichst nicht direkt an der Hauptstraße, gibt es nicht. Nicht im Ruhrgebiet. Wie sagt meine Freundin immer so schön: „Das ist da dicht besiedelt, das ist schon mal klar." Mit anderen Worten: Viele Menschen kommen auf wenig Wohnraum. Was ist also mit unseren Hoffnungen auf eine ruhige Vier- oder Fünfzimmerwohnung?

Es ist April, es wird also enger. Wir suchen auf allen Kanälen, hängen täglich am PC, schalten Leute ein, die wir in der anvisierten Gegend kennen, verschicken Anfragen für Pinnwände. Wir telefonieren und beten und vereinbaren Besichtigungen. Wir fahren spontan oder geplant ins Ruhrgebiet, immer auf der Suche nach einem Zuhause.

Manchmal ist es zum Heulen oder zum Lachen. Wir besichtigen eine Wohnung in einer Kleinstadt. Die Nähe zum neuen Arbeitsplatz wäre verlockend. Die Tür geht auf … aber einen Flur gibt es nicht! Wir stehen gerade mal einen geschätzten halben Meter vor einem Vorhang, hinter dem sich offenbar die Sicherungskästen verbergen oder was auch immer. Einer von uns kann jetzt eintreten, einen Schritt nach rechts machen, die Tür schließen. Anschließend kann man sich vor der Wand entscheiden, ob man sich nach links oder nach rechts bewegt. Dort gibt es also die Zimmer. Ich sehe schon vor meinem inneren Auge, wie das dann mittags ablaufen wird: zwei Kinder plus zwei Schulranzen und zwei Sportbeutel in einem Flur, der keiner ist. Sollte jetzt noch der Postbote kommen, kann er sein Paket gerade noch obendrauf packen, auf den Stapel. Festhalten müssen wir selber ... Und nachmittags laufe ich durch die Wohnung, immer rufend, in welchem Raum jemand von uns ist. Denn einen Wohnungsmittelpunkt gibt es hier nicht. Bestens geeignet für eine WG, aber für uns? Der letzte Blick fällt in ein Zimmer, das zu unserem Erstaunen früher offenbar einen Swimmingpool beherbergt hat. Selbst für uns Laien mit wenig Ahnung von Bausubstanz sind deutlich sichtbar Wasserschäden zu erkennen und zu riechen. Das ist selbst für meinen Ehemann zu viel, der ansonsten immer erst mal alles freundlich abnickt.

Wir sind wieder draußen. Eine von mehreren frustrierenden Besichtigungen ist beendet. Und wir? Wir sind am Ende. Wir wissen, dass wir in die neue Gegend gehören, dort für und mit Gott leben wollen. Aber wo ist unser Zuhause?

Diesmal sitze ich am PC, abends in unserer Wohnung, und mit einem Mal bin ich bei den entsprechenden Seiten auf Immobilienscout. Und was ist, wenn wir was – kaufen? Der Gedanke lässt mich nicht mehr los. Vielleicht finden wir auf dem Weg etwas, wo wir hineinpassen und das wir gleichzeitig bezahlen können? Nach dreizehneinhalb Minuten habe ich es gefunden. Unser Zuhause! Ein Haus in einer kleinen Stadt mit guter Verkehrsanbindung.

Das wissen wir natürlich an diesem Abend nicht. Es ist nur eine Idee. Oder doch eine Eingebung? Diesmal bin ich es, die ein Projekt vorstellt: „Hier, Leute, wollt ihr mal mein Traumhaus sehen?" Lisanne ist sofort Feuer und Flamme, das habe ich mir gedacht. Mein Bester denkt, dass ich jetzt völlig durchgeknallt bin. Über vierzehn Jahre haben wir als Pastorenehepaar gelebt und mit der Muttermilch in der Ausbildung aufgesogen: Es wird nichts Eigenes gekauft oder gebaut. Wir sind die, die unterwegs sein werden … Und jetzt ein Haus kaufen? Im Geiste sieht er sich abends statt gemütlich im Sessel irgendwo auf der Leiter stehen, weil er nun ein Haus an der Hacke hat. Und überhaupt, wovon sollen wir das bezahlen?

Immerhin ist er bereit, dass wir ein paar Schritte in diese Richtung wagen. Und so kommt es zu einer Besichtigung, die uns gleich anspricht: „Das ist ja wie bei …" Stimmt, wenn man hereinkommt, sieht es so ähnlich aus wie bei unseren Marburger Freunden! Wir fühlen uns sofort wohl. Selbst ein Postbote plus zwei Schulkinder und sogar ihre Freunde wären kein Problem für diesen Flur.

Aber dann kommen die Probleme: Es gibt dann doch auch Schäden an der Hauswand und dies und das. Dazu erhalten wir eine Mail, die Nachbarin habe was von einem Wasserschaden aufgeschnappt. Und es gibt plötzlich jemanden, der uns billig eine Wohnung vermieten will. Na prima: Habe ich mich vertan?

Trotz all dem vielen normalen Beten habe ich nun endgültig das Gefühl, es wäre an der Zeit, dass Gott sich mal einschaltet, aber so richtig. Wir fühlen uns schlicht überfordert mit einer Entscheidung, die unser ganzes Leben betrifft.

Und er schaltet sich ein: Wie eine Erleuchtung kommt mir ein Bibelvers in den Sinn, ganz alt, ganz aktuell. „Darum werfet euer Vertrauen nicht weg, welches eine große Belohnung hat." Ganze elf Wörter zum Festhalten. Am Morgen beim Frühstück hole ich tief Luft und erzähle meinen Leuten, dass wir ja alle noch nicht weiterwissen, aber dass wir uns ab jetzt an dieses Wort halten können. Es ist still. Keiner sagt ein Wort. Aber alle sind irgendwie erleichtert und wollen das auch glauben.

Es folgen turbulente Wochen, Finanzpläne, Gespräche und schließlich die Entscheidung: Doch, dies ist es, dieses Haus wird unser Zuhause werden. Wir werden es wagen. Es wird unsere große Belohnung.

Angefangen hatte das alles eigentlich fast ein Jahr vorher in Lüneburg, im Zimmer guter Freunde. Die beiden hatten uns gefragt: „Was wünscht ihr euch denn eigentlich, wenn ihr an eure Zukunft denkt?" Und wir hatten verdutzt geguckt: Ja, wie? Sollen wir Gott jetzt unsere Wünsche aufschreiben? Eine ruhige Wohnung, mit ein wenig Garten, genügend Zimmer, eine kleine Ecke für Gäste und obendrein noch einen Kamin? Kann man Gott denn seine Wünsche sagen? „Schreibt doch einfach mal alles auf ...", haben unsere Freunde uns ermutigt. Ehrlich gesagt, für uns war das nur Spaß, für unsere Freunde und Gott anscheinend nicht.

Und so wohnen wir jetzt also in unserem neuen Zuhause an dem Ort, wo Gott uns haben wollte, stehen öfter als früher auf der Leiter und sitzen irgendwann abends vor dem Kamin. Nur eins tun wir immer noch nicht: bei Obi frühstücken. Das tun wir dann doch lieber im neuen Zuhause, vielleicht auch mal oben auf dem Balkon? – Ja, wenn da alles fertig ist ...

„Werft nun euer Vertrauen nicht weg! Es wird sich erfüllen, worauf ihr hofft.“   *Hebräer 10,35*

„... und lasst euch durch nichts vom Gebet abbringen.“
                                        Römer 12,12b

6. Katzenjammer
und zerplatzte Träume

— ◆ —

Sie hat Katzen schon geliebt, seit … ja seit sie drei Jahre alt war. Also fast ihr ganzes bisheriges Leben lang. Ich erzähle von unserer Großen, einer Siebtklässlerin. Erstaunlicherweise hat es nie den Tag gegeben, an dem sie uns um eine Katze gebeten hat. Aber wir wussten natürlich auch ohne Worte, dass eine Katze immer einer ihrer großen Lebensträume war.

Als ihr zwölfter Geburtstag nahte, besprachen mein Mann und ich, ob wir ihr nicht doch eine schenken wollen. Wir tasteten uns heran an die nötigen Fragen: Was sagt der Vermieter? Wo bauen wir eine Katzenklappe ein? Wie läuft das im Urlaub? Zahlreiche Damen gehobenen Alters in unserem Lebensumfeld haben Katzenerfahrung. Lauter gepflegte Damen mit aufgeräumten, gut geputzten Haushalten und – einer ebenso aufgeräumten, säuberlichen Katze! Empörte Augenbrauen sind zu sehen, als ich vorsichtig anfrage, ob die auch mal daneben machen. Wo denke ich hin? Natürlich nicht! Die lieben, reinlichen Tiere! Alles läuft bestens. Nach einem erfüllten Katzentag bekommt sie abends von Frauchen oder Herrchen noch ihre Streicheleinheiten und dann hält sie ihren wohlverdienten Katzenschlaf. Na, das klingt ja alles wunderbar.

Nach diesen Gesprächen sind wir ermutigt. Eine Katze

wird genau das Richtige sein für unsere Große, wenn sie erschöpft aus der Schule kommt.

Monate später. „Unser" anvisierter Kater ist geboren und soll in wenigen Tagen bei uns einziehen. Emsige Vorbereitungen sind im Gange. Lisanne macht das ganz toll. Wir sind alle mächtig stolz auf sie. Und dann kommt „Findus", ein rotbrauner superhübscher Kater mit weißen Füßen. Es gibt ja wirklich Katzen, von denen nicht jeder total hingerissen ist. Aber Findus, der sieht einfach umwerfend aus! Wir lieben ihn alle von der ersten Stunde an. Jedes erfolgreich gemachte Geschäft wird mit Jubelschrei seitens der Kinder quittiert. Natürlich geht anfangs das eine oder andere daneben. Nun, damit haben wir gerechnet.

Dieses eine oder andere … kommt im Laufe der Zeit allerdings nicht seltener, sondern immer häufiger vor. Die Erwachsenen zeigen erste Anzeichen von Unwilligkeit. Es werden Informationen eingeholt, wie Findus oder uns zu helfen ist. Oma wird ans Internet gesetzt zum Aufspüren sachdienlicher Hinweise. Wir installieren weitere Katzentoiletten, wir wechseln die Streu, wir gewöhnen Findus nach draußen. Und dazwischen putzen wir! Wir putzen im Vier-Stunden-Takt Katzenhäufchen auf, eklig riechende und viel zu flüssige Katzenhäufchen. Mittlerweile versucht sich auch die Tierärztin daran, uns zu helfen. Wie soll das weitergehen? Wir hoffen jeden Tag. Wir hoffen auf morgen, morgen wird bestimmt eine durchgreifende Änderung einsetzen.

Die ersten Kommentare von Freundinnen dringen an

mein Ohr. „Deshalb haben wir unseren Kindern nie Haustiere erlaubt." Oder noch drastischer von einer sechsfachen Mutter: „Ich bewundere die Eltern, die sich so etwas nach der Kleinkindzeit ihrer Kinder antun."

Ja, ich bewundere die mittlerweile auch.

Was waren das für herrliche Zeiten, als unsere Kinder sich Spielzeuge wünschten, bei denen man nur die Gebrauchsanweisung lesen musste und dann als Mama oder Papa glücklich mitspielen konnte. Jetzt hatten wir kein Spielzeug, sondern ein Lebewesen, und das tat alles andere, als nach Plan zu funktionieren. Findus ging seinen eigenen Weg – und verwandelte unseren Keller dabei zu einer Zumutung.

Kann man für Tiere beten? Ich wusste es vorher nicht. Ich tat es dann einfach. Aber eine Änderung trat nicht ein.

Nach vier Monaten waren wir am Ende. Ich mochte nicht mehr nach Hause kommen wegen der Stinkerei. Wir hatten viel Streit miteinander. Der mehrmals gedachte und manchmal auch gesagte Satz: „So geht es nicht weiter!", er musste Wirklichkeit werden.

Nach vier Monaten ist Findus also wieder ausgezogen. Keinen von uns hat das kalt gelassen. Die Kinder waren traurig, weil der Traum vom pflegeleichten Haustier zum Albtraum geworden war. Der liebe, süße Findus … Wir Großen waren traurig, weil unser Traum geplatzt war, unserer Tochter einen Lebenstraum zu erfüllen.

Ja, wir wissen auch von anderen geplatzten Träumen, „größeren" als dem einer Katze im Haus: Viele Eltern wollen ihren Kindern eine gute Schulausbildung bieten. So auch Sveas Eltern. Sie wollten ihr das Gymnasium ermöglichen, aber sie schafft es nicht. Sie kann einfach nicht mithalten. Ihre Eltern hätten das gerne weiter unterstützt, aber sie gehört von ihren Lernmöglichkeiten her auf eine andere Schule. Aus, der Traum vom Abitur für Svea. Jedenfalls erst einmal.

Manche Kinder entwickeln in der Schulzeit feste, gute Freundschaften. So auch Tim. Er hatte einen festen Freundeskreis. Besonders die Freundschaft zu Alex war ein wesentlicher Bestandteil seines Alltags. Dann musste die Familie umziehen, weil der Vater einen anderen Arbeitsplatz angenommen hatte. Es war für Tim sehr schwer, wieder Fuß zu fassen. Einen zweiten Alex gab es eben nicht. Aus, der Traum von einer langen festen Freundschaft vor Ort. Und aus, der Traum, die Freundschaft zu Alex wie gewohnt weiterzuführen. Nun können sie sich nur noch in den Ferien treffen.

Und große, fast schon erwachsene Kinder, die haben natürlich auch Träume. Lea hatte einen festen Freund. Zukunftspläne waren schon zahlreiche geschmiedet. Plötzlich trennt er sich, weil er sich nicht binden will. Aus, der Traum von einer gemeinsamen Zukunft. Für Lea stürzt eine Welt zusammen. Es braucht lange, bis sie irgendwann wieder bereit für eine feste Beziehung ist.

Als Mutter oder Vater steht man daneben oder ist beim einen oder anderen mittendrin. Wir leiden mit, wir trauern mit, wir verabschieden uns mit.

Und manchmal finden sich neue Wege.

Manchmal finden wir neue Wege, unserem Kind unsere Liebe zu zeigen. Im Fall von Findus ging das ziemlich unkompliziert. Ich habe Lisanne einen Maltisch eingerichtet, wo sie nach der Schule relaxen, malen, erfinden, zeichnen kann. Und wir hatten wieder mehr Zeit zum Spielen, weil wir weniger putzen mussten. Weh tut es manchmal trotzdem, wenn wir an Findus erinnert werden.

Manchmal finden sich neue Wege: Tim kann seinen Freund Alex in den Ferien zu sich einladen und findet nach langer Zeit einen guten Freund vor Ort. Und Lea? Sie findet vielleicht eine neue Liebe.

Träume allerdings, die zu fantastisch sind, die lassen wir am besten nur für einen guten Mittagsschlaf reserviert. So hat unser Sohn auch ein Lieblingstier. Keine Katze, sondern – einen Pinguin. Nein, keine Diskussion! Ein Pinguin kommt mir nicht ins Haus. Den lassen wir allenfalls im Schlaf an uns vorbeiwatscheln!

„Ich lasse dich nicht im Stich, nie wende ich mich von dir ab."   *Josua 1,5b*

„Ich aber dachte: Vergeblich habe ich mich abgemüht, für nichts und wieder nichts meine Kraft vergeudet. Dennoch weiß ich, dass der Herr für mein Recht sorgt, von ihm, meinem Gott, erhalte ich meinen Lohn."   *Jesaja 49,4*

7. Feste feiern, wie sie fallen

———— • ❖ • ————

„Eigentlich getraue ich mich ja gar nicht, dich zu fragen, aber es wäre ja wunderschön, wenn ..." Betty ist am Apparat, meine alte Freundin Betty, die nun bald ihren runden Geburtstag feiern wird. Achtzig Jahre wird sie alt werden, na, wenn das kein Grund zum Feiern ist! Aber sie ist krank, deshalb ist eine Feier eigentlich unmöglich. Wie soll eine Dialyse-Patientin ihren Achtzigsten feiern? Auf der anderen Seite muss gerade sie feiern, denn sie liebt Menschen! Und die, denen sie am Herzen liegt, die wollen ihr das auch ermöglichen, trotz schwerer Krankheit – immerhin ist es der Achtzigste! Und gefeiert werden soll nicht mit einer Handvoll alter Leute im Gasthaus, sondern richtig groß, das ist bald beschlossene Sache.

„Stell dir vor, sie wollen *alles* für mich machen. Ich soll meine Gästeliste aufschreiben, sie werden die Einladungen verschicken, und ich würde euch doch auch so gern dabeihaben. Ich soll mich um gar nichts kümmern. Das kann ich ja überhaupt nicht!" Betty sprudelt nur so. Stimmt, das kann sie überhaupt nicht: Sie konnte immer die Feste ausrichten, das war ihr Ding – aber andere machen lassen, darauf vertrauen, dass die nichts vergessen? Sie wird jetzt schon kribbelig, ich spüre es durchs Telefon.

„Mensch, Betty, was für eine schöne Idee!", sage ich. „Das ist doch wunderschön, dass du feiern kannst, und ich kann mir vorstellen, dass deine Leute das richtig gut organisieren werden." Bei den von ihr genannten lieben Menschen ihrer Kirchengemeinde weiß ich: Das wird eine rundum gelungene Feier, die die auf die Beine stellen werden.

Und nun getraut sich Betty fast nicht, mich zu fragen, denn ich habe gerade jede Menge Stress, einen Umzug mit Sack und Pack vor mir, eine berufliche Situation meines Mannes, die vollste Konzentration auch von mir verlangt. Außerdem weiß sie, dass ich öfter mal auf mich und meine Kräfte achten muss.

„Komm, dann sag doch mal, wann die Feier sein soll", bohre ich nach und hoffe, dass es nicht Mitte März ist. „Sie wollen sie direkt an meinem Geburtstag stattfinden lassen, die große Aktion, also am 10. März ..." Ich schlage meinen Kalender auf und schlucke. Es hätte eigentlich nicht schlechter passen können, denn in der Woche steht bei mir Rothenburg drin. Rothenburg heißt: eine lange Zugfahrt von vier Stunden, zwei Referate vor Ort halten, viel organisieren vorher, damit hier zu Hause alles läuft. Im ersten Moment will ich sagen: „Du, das geht überhaupt gar nicht, das krieg ich im Leben nicht auf die Reihe." Dann bringe ich es nicht übers Herz. Ich sage Betty wohl, was ansteht, und will ansonsten in Ruhe nachdenken. Ich gehöre eben nicht zu den Reiselustigen, die auf nichts sehnlicher warten als auf einen Anruf mit Einladung zur Geburtstagsparty ein paar Hundert Kilometer weit weg in einer arbeitsreichen Woche. Nicht, weil ich keine Lust auf Feiern habe, sondern weil ich meine Kräfte einteilen muss.

Mittags beim Gespräch mit den Kindern, für die Betty wie eine dritte Oma ist: „Da fahren wir hin, Mama, das ist ganz klar."

„Leute, das ist mitten in der Woche, für Lisanne sind das acht Stunden Schule, die ausfallen. Und wenn ihr eine Arbeit schreibt an dem Tag?" Ich setze mich natürlich doch hin und maile den Klassenlehrern, ob die Kinder an dem Tag, ausnahmsweise, wo doch ihre dritte Oma in Lüneburg den Achtzigsten feiert … Siehe da, es ist alles kein Problem, die Kinder schreiben keine Arbeiten, sie werden gern freigestellt. Viel Verständnis. Die erste Hürde ist also genommen.

Und ich? Meine Hürden? Soll ich das wagen, in einer Woche, in der ich eine wichtige Reise habe, auch noch für einen Geburtstagsbesuch viele Stunden unterwegs zu verbringen? Packe ich das? Ist das verantwortlich?

Ich überlege, wie die Woche laufen müsste, damit *ich* das packe. Ich müsste mich voll und ganz auf die Reisen konzentrieren können, meine Flöten- und Klavierschüler verlegen auf Anfang der Woche, im Haushalt fünfe gerade sein lassen mit Ausnahme der Wäsche und der Mahlzeiten für meine Familie, früh ins Bett gehen …

Je länger ich nachdenke, desto mehr merke ich: Hier kann ich nicht entscheiden nach der Verantwortlichkeit im Umgang mit meinen Grenzen, hier geht es um Einmaliges, hier geht es um ein Fest, das man nicht vertagen kann. Das heißt, ich könnte es ausfallen lassen, aber zu welchem Preis?

Den spüre ich dann Wochen später, als wir unterwegs sind. Alles klappt bestens. Auf der Zugfahrt kann ich die Vorträge noch einmal durchgehen, die Kinder haben Ruhe, dies und das für die Schule zu tun, und wir haben es richtig gut miteinander unterwegs. Dann kommt Lüneburg, kommen die fünf Stunden Geburtstagsfeier von Betty. Sie sind „alle" da. Alle, die irgendwie zu ihrem Lebenskreis gehören. Und da merke ich, dass wir von Marburg noch lange nicht den weitesten Weg hatten, wenn man an die Leute aus der Schweiz und aus Dänemark denkt … Es sind über hundert Gäste da. Als ich meinen Platz eingenommen habe, weiß ich: *Hier* ist heute mein Platz und ich hätte mich schämen müssen, wenn ich nicht gefahren wäre. Nein, es passt zeitlich eigentlich nicht, aber was soll's? Ich gehöre eben nach so einigen Umzügen zu den Menschen, die immer mal zu dem einen oder anderen Fest eingeladen werden und dafür eine lange Anreise in Kauf nehmen müssen. Um ein Haar wäre ich zu Hause geblieben, um den Preis, es nicht gewagt zu haben. Es stimmt, nicht immer ist das gute Verantwortungsgefühl der richtige Gradmesser für eine gute Entscheidung.

Sechsunddreißig Stunden später sitze ich wieder im Zug, nun nach Rothenburg. Ich hatte ein sehr stressiges Wochenende erwartet, mit einem Morgen- und Abendvortrag von mir. Erstaunlicherweise wird alles relativ stressfrei. Ich habe eine Quartiergeberin, bei der ich mich so richtig fallen lassen kann. Als ich auf der Heimfahrt bin, weiß ich gar nicht mehr, wo denn eigentlich das Problem war … Das ist das Zusatzgeschenk für mich. Ich weiß aber auch ganz fest in meinem Herzen: Selbst wenn das jetzt in Rothenburg anstrengender gelaufen wäre, dann hätte ich zu Betty fahren sollen. Feste kann man einfach nicht vertagen!

Wie gut, dass ich das für mich festhalten kann, denn Monate später kommt das gleiche Übungsfeld: Die Schwiegereltern werden goldene Hochzeit haben – und das kurz vor ihrem eigenen Umzug in ihren Alterswohnsitz und kurz nach unserem Umzug als Familie. Soll ich noch sagen, dass meine Schwägerin zeitgleich mit den Schwiegereltern umzieht? Also, Kartons, wohin man auch blickt. Da können wir doch keine goldene Hochzeit feiern! Keiner hat Geld, keiner hat Zeit, keiner hat Kraft dafür. Oma und Opa haben sowieso keine Gedanken daran. Die misten aus, das ist gerade ihr Tagewerk. Und dann plädiere ich klar dafür: Wir sollten die goldene Hochzeit feiern, klein, aber schön! Wer weiß denn, was nächstes Jahr ist, wenn alle Kartons ausgepackt sind? Jetzt ist das Jubiläum, deshalb wird jetzt gefeiert!

Erstaunlicherweise haben alle ihr schickes Outfit gefunden und vor den Umzugskartons gerettet. Natürlich hat es Zeit gekostet, einen Großeinkauf und manche Idee. Aber wie gut hat es uns allen getan, mal für vier Stunden nicht ein- oder auszuräumen, auszumisten und über den Krempel des Lebens in deutschen Haushalten zu stöhnen. Stattdessen gut essen, auch trinken, viel lachen und Witze machen, Musik hören nicht nur vom Band – und feiern, dass eine Liebe so lang gehalten hat.

Feste kann man nicht vertagen. Man muss sie feiern, wie sie fallen. Und zwar feste.

„Also iss dein Brot, trink deinen Wein und sei fröhlich da-bei! Denn schon lange gefällt Gott dein Tun! Trag immer schöne Kleider, und salbe dein Gesicht mit duftenden Ölen! (…) Genieße jeden flüchtigen Tag, denn das ist der einzige Lohn für deine Mühen." Prediger 9,7.8.9b

8. Einmal Rostock und zurück

Neben mir japst es – und ich japse auch. Vorbei an vielen Reisenden, beladen mit Koffern und Taschen, und umgeben von Stimmengewirr sowie Durchsagen einer Bahnhofsangestellten rennen wir im Gleichschritt in Richtung Gleis 3.

Der Bahnhof Wilhelmshöhe bei Kassel ist aber auch wirklich weiträumig! Er ist auf jeden Fall so weiträumig, dass unser Bemühen nichts genützt hat! Der Zug fährt. Unser Zug fährt ab, vor unserer Nase! Noch wenige Meter und wir hätten ihn erreicht. Abrupt bleiben wir stehen und schauen uns an. Sie ist etwas älter als ich. Wir kennen uns nicht. Eine Mitreisende, die wie ich den Zug Richtung Norden kriegen wollte.

„Das war's dann wohl!", sage ich.

„So ein Ärger", meint sie.

„Was machen wir jetzt?"

Irgendwie schweißt uns unser gemeinsames Pech ja zusammen. Sie weist mit dem Kopf auf eine zuständige Dame, die uns wohl weiterhelfen will. Dort an Gleis 3.

Eigentlich ist das ja alles nicht richtig schlimm. Wir fahren beide nicht zum Vorstellungsgespräch oder zur Beerdigung, wie sich herausstellt, wir sind beide ja nur für einen Kurztrip zu unserem Vergnügen unterwegs. Sie in Richtung Ostsee, ich in Richtung Lüneburg. Aber verstimmt sind wir eben trotzdem, denn wir hatten unsere Zeit gut geplant. Es warten liebe Menschen auf uns. Und wir wissen noch nicht so genau, wie es jetzt weitergeht. Also fragen.

Im Gespräch mit der resoluten Dame von Gleis 3 wird klar, dass wir etwa eine Stunde Aufenthalt haben. Gerade so viel, dass es für jede von uns einen Gutschein gibt. Immerhin. Die Bahnfrau notiert etwas auf unseren Fahrkarten und gibt sie uns dann zurück.

Eine Stunde Zeit auf einem kalten, lauten Bahnsteig. Na, erst mal Katrin anrufen, meine Freundin aus Lüneburg. Ihr Bescheid geben und fragen, ob sie mich später abholen kann. Und dann? Nach Büchern stöbern! Dazu komme ich sonst viel zu selten. Aber halt, unterwegs beschließe ich, doch lieber noch mal ins Reisezentrum zu gehen. Vielleicht kann ich gleich meinen Gutschein ausstellen lassen. Ich stelle mich also in die Reihe der Wartenden.

Als ich drankomme, studiert die Dame ausführlich meine Unterlagen und hört meinen kurzen Bericht an. Sie bemerkt noch am Rande, ich sei dann ja erst um 17.45 in Rostock.

„In Rostock?", frage ich. „Aber ich fahre doch nur bis Lüneburg!" Als ich das ausgesprochen habe, ist uns beiden sofort klar, was hier passiert ist: Die resolute Kollegin der freundlichen Dame am Bahnhofsschalter, die Dame von Gleis 3, hat unsere Fahrkarten vertauscht. Vorhin, an Gleis 3. Und jetzt steht meine Zugbekanntschaft irgendwo auf dem Bahnhof Kassel-Wilhelmshöhe, trinkt einen Cappuccino oder holt sich eine Zeitung oder langweilt sich. Oder steht sie etwa schon an Gleis 3? In ihrer Handtasche hat sie eine Fahrkarte. Die reicht aber nur bis Lüneburg und keinen Kilometer weiter. Und ich stehe hier – mit einer Fahrkarte bis Rostock – hin und zurück. Was soll ich in Rostock? Obwohl ich die Ostsee liebe, ist Rostock jetzt einfach nicht angesagt.

Wie elektrisiert springen wir beide auf, die freundliche Bahnbeamtin und ich. Wir sausen in Richtung Gleis 3. Sie ist schneller als ich, hat ja kein Gepäck zu schleppen. Das Einzige, was mir bleibt, ist ein Stoßgebet: „Jesus, hilf mir, diese Frau zu finden!" Ich japse also wieder, so wie vorhin, und schiebe mich vorbei an Leuten mit Koffern und Taschen. Wie sah sie noch mal aus? Wir haben uns ja nur kurz gesehen! Meine Verbündete der Deutschen Bahn wedelt mit der Fahrkarte herum: „Hallo, hallo, wer von Ihnen will nach Rostock?"

Und da haben wir sie! Auf Gleis 3 steht sie, ahnungslos mit ihrer Lüneburger Fahrkarte. Der Zug fährt bereits ein. „Sie haben die falsche Karte", stoße ich atemlos hervor. Zum Glück ist sie nicht schwer von Begriff, reißt ihre Handtasche auf und wir tauschen die unscheinbaren, handlichen Zettel, die uns ansonsten eine Menge Chaos gebracht hätten. Ich lache, sie lacht und dann muss sie ganz schnell einsteigen. Sonst fährt ihr der Zug vor der Nase weg. Der Zug nach Rostock. Einmal Rostock und zurück.

Erleichtert schaue ich ihr hinterher. Das hat ja gerade

noch geklappt! Es wäre für sie ansonsten eine ganz schön teure Fahrt nach Rostock geworden, für ihren Geldbeutel dann quasi zweimal Rostock und zurück. Aber es ist ja alles noch mal gut gegangen.

Und für mich war es wieder mal eine Situation, wo mir nur noch ein Stoßgebet blieb. So langsam habe ich Übung darin!

„Höre, Gott, meinen Hilfeschrei, und achte auf mein Ge-bet!"   *Psalm 61,2*

9. Freundschaft ist, wenn's trotzdem hält (1)

Einmal im Jahr holen wir sie aus der Schachtel: Die pastell-farben angemalten Holzfiguren. Es sind Ostereier, Blumen, Hasen. Während die Kinder vom letzten Osterfest erzählen und ihre Erinnerungen auffrischen, gehen meine zu Mir-jam, meiner Hamburger Freundin.

Die ganze Geschichte liegt knapp zwanzig Jahre zurück. Wir waren junge Ehefrauen, deren Männer beide Theolo-gie studierten. Während mein Mann und ich für eine kurze Zeit unterwegs sein würden, sollte Mirjam zwischendurch mal nach unserer Wohnung sehen, die Blumen versorgen und nach der Post schauen. Noch bevor ich losfuhr, hatte ich mir ein kleines Dankeschön überlegt. Dafür haben ja umsichtige Frauen eine Wühlkiste irgendwo im Haus, aus der sie passende Kleinigkeiten hervorzaubern können. So eine Wühlkiste hat unbestreitbar große Vorteile. Sie kann aber auch verhängnisvoll sein. Ich wählte also aus, passend zur Frühjahrszeit eine Schachtel mit pastellfarbenen Holz-figuren: Ostereier, Blumen und Hasen. Dazu ein nettes Kärtchen. Fertig ist das Dankeschön.

Tage später. Wir sind wieder zurück und begegnen Mir-jam und Ben in unserer Gemeinde. Nach dem üblichen All-tagsgeplauder nimmt sie mich zur Seite. „Kann ich mal mit dir reden?" Klar kann sie. Nichts ahnend höre ich dann, dass sie total entgeistert war über das unpassende Geschenk mit den Holzfiguren. Ich schnappe nach Luft. Merke, wie mir die Röte ins Gesicht steigt. Erst fühle ich mich beschämt, dann bin ich doch fast eingeschnappt. So etwas hat mir wirklich noch niemand gesagt. Schluck! Vor mir steht Mirjam, die sich richtig Luft gemacht hat. „Ben meinte, ich solle dir das ehrlich sagen!", höre ich sie noch abschließend bemerken. Klar, ihr Ben hat Theologie und Psychologie studiert. Da werden die Gefühle nicht unter den Teppich gekehrt. Die kommen schön anständig ans Tageslicht. Als sie mit ihrem Unbehagen nicht zur Ruhe kam, hatte Ben ihr geantwortet: „Wenn dich das nicht in Ruhe lässt, dann musst du das mit Kerstin besprechen." Das hat sie ja nun getan. Benommen gehe ich nach Hause. In meiner ersten Wut will ich in die Stadt fahren, gleich morgen, und etwas Neues besorgen. Basta! Aber damit ist die Sache natürlich nicht ausgestanden. Nach und nach merkte ich, dass es hier um ganz unterschiedliche Dinge ging ...

Es ging darum, dass ich nicht genau hingeschaut und hingehört hatte. Mirjam mag nämlich keine Pastellfarben. Das weiß ich eigentlich. Sie liebt kräftige Grüntöne und Orange und tiefes Braun und so etwas. All die Farben, mit denen ich wenig anfangen kann. Und sie liebt auch keinen kleinen Minischmuck. Sie mag klare und größere Deko, geflochtene Kränze zum Beispiel. Außerdem hatte ich sie vorher einmal gefragt, über welche Mitbringsel sie sich freuen würde. Sie hatte mir Blumen genannt.

Aber all das war mir doch tatsächlich komplett im Gedächtnis weggerutscht.

Außerdem ging es auch um etwas anderes: Sehr fantasievoll, freigiebig und aufmerksam im Schenken war ich, aus welchen Gründen auch immer, damals nicht. Das wurde mir durch die Auseinandersetzung mit Mirjam bewusst. Hier hatte ich noch Nachholbedarf, merkte ich, hier könnte ich mich weiterentwickeln. Sie hatte fürs Wohnunghüten mehrere Fahrten quer durch Hamburg auf sich genommen, sehr nett von ihr – dafür wollte ich ihr doch eigentlich gerne genauso freundlich danken!

Im Nachhinein betrachtet war aber etwas ganz anderes das Wichtigste an dieser erst einmal unangenehmen Situation: Mirjam traute uns beiden zu, dass unsere Freundschaft ein richtig offenes Wort aushalten und dadurch wachsen würde. Sie traute mir eine Menge Fragen zu, die nun aufbrachen: Bin ich bereit, ihre Enttäuschungen zu verstehen und meiner Freundin liebevoll nachzugehen? Bin ich bereit, sie tiefer kennenzulernen anstatt meinem Bild von Freundin zu folgen? Bin ich bereit zu erkennen, dass ich sie verletzt habe, ohne mich zu rechtfertigen für alles gut Gemeinte? Bin ich bereit für sie?

Diese Fragen traute sie mir zu.

Irgendwann merkte ich, dass die abgelehnte Schachtel mit den Holzfiguren ein Kompliment war. Sie sagte: Das hältst du aus. Das halten wir aus! Mirjam traute mir zu, dass wir darüber hinauswachsen hin zu einer großen Ehrlichkeit zueinander. Enttäuschungen, Missverständnisse,

Frust, Versagen mit eingeschlossen – und zwar in aller Freundschaft!

Mittlerweile sind viele Jahre vergangen. Wir haben dreimal miteinander/nebeneinander Urlaub gemacht mit insgesamt sechs Kindern um uns herum. Da gab es noch manches, was vor- und hinterher besprochen werden musste. Wir haben Schönes im Urlaub geteilt und uns daran erfreut: der Gang in die Aalkate mit anschließendem Bummel im Hafen, das abendliche Glas Wein zu viert ohne Kinder. Wir haben unsere Unterschiede bemerkt und ausgehalten. Wir haben entdeckt, welchen Schatz wir aneinander haben, weil wir uns als Freunde über viele Jahre treu geblieben sind. Wir können über so manches reden, womit wir noch nicht fertig und am Ringen sind, wo jemand von uns Wachstum nötig hat. Wir schaffen es, einander innerlich zu begleiten in den Situationen, die schwierig sind und Mühe machen. Wir haben gespürt, wie gut es tut, zueinanderzustehen. Wenn wir uns nach Monaten wieder sehen, weil uns viele Kilometer trennen, dann können wir da anfangen zu reden, wo wir aufgehört haben. Und: Wir geben uns immer wieder frei für die Beziehungen, die wir jeweils vor Ort haben. Freundschaft ist all das Schöne, Leichtgängige zusammen.

Und: Freundschaft ist, wenn's trotzdem hält – trotz Missverständnissen, offenen Worten, Versagen, Frustrationen und Enttäuschungen.

Ein Geschenk ist das alles. Wie gut, dass das alles nicht an pastellfarbenen Holzfiguren gescheitert ist.

„Wie man Eisen durch Eisen schleift, so schleift ein Mensch den Charakter eines anderen."

Sprüche 27,17

10. Freundschaft ist, wenn's trotzdem hält (2)

———•◆•———

Kennengelernt haben wir uns tatsächlich am Telefon.

Nach gelungenem Umzug im Jahr 2002 sind wir als Familie kaum ein paar Tage in Marburg, da klingelt das Telefon, und eine mir fremde Sarah ruft an, ob wir am Samstag zum Kaffee vorbeikommen wollen. Sarah, verheiratet, zwei Kinder. Gleicher Stand wie bei uns. Ich fasse es nicht. Das ist ja total nett! Wir kennen hier in Marburg noch fast keinen Menschen und sehnen uns nach Kontakten.

Sarah war darauf gekommen, uns einzuladen, weil sie über Verwandte erfahren hatte, dass wir als Familie in den gleichen Stadtteil ziehen, in dem sie bereits seit einigen Jahren lebt. Mensch, ist die aufmerksam und gastfreundlich!

Es schüttet wie aus Kübeln an dem Samstag. Trotz Stadtplan verlaufen wir uns und stehen mit triefenden Schirmen inklusive Kinderwagen und Regenverdeck vor ihrer Tür. Eine Woge Mitleid schwappt uns entgegen. „Ups! Die sind anders!", denkt Sarah, und sie sagt es auch. Sie würde bei Regen das Auto benutzen. Keine Frage.

Später sitzen wir am Kaffeetisch bei der wildfremden Sarah, ihrem Mann und den zwei Kiddies. Während wir reden, merke ich, wie sich ein riesiger Wunsch an meiner Gefühlsoberfläche bemerkbar macht: Ach, wenn die doch meine Freundin würde … Das empfinde ich, obwohl wir uns ja gerade mal einige Stunden kennen.

Und dann kamen die Steine, die Steine auf dem Weg zueinander. Das sind die Dinge, über die man stolpern kann. Sie kamen unverhofft und waren zuerst groß und schwer. Man macht sich ja so seine Hoffnungen, wenn man sich kennenlernt und sich eine Beziehung wünscht. Was ist, wenn wir doch zu unterschiedlich sind für eine Freundschaft?

Wir treffen uns wieder und ich spüre: Sarah mag gar nicht gern rausgehen. Ich bin so gern draußen. Schade.

Sie versteht meine Scherze nicht. Muss nachfragen. Ich werde stiller. Mache keine Scherze mehr. Schade.

Wir planen einen Ausflug zum Schloss mit unseren Kindern. Meine Kids haben den Weg bergauf geliebt. Nun regnet es und Sarah will lieber mit dem Auto fahren. Sie hat Bedenken, mit nass geregneten Hosen das Schloss zu besichtigen. Wir sind enttäuscht und fahren mit statt zu laufen. Und weil wir uns noch nicht gut kennen, sage ich leider nichts dazu. Schade.

Wir unterhalten uns. Und Sarah ist richtig ausführlich. Sie erzählt die Dinge von vorne und hinten, damit ich richtig im Bilde bin. Puh, da muss ich ja richtig lang zuhören. Frage ich kurz etwas nach, dann gibt es keine knappe Antwort. Kommt sie überhaupt damit zurecht, dass ich mich manchmal so kurz fasse?

Ihr Biorhythmus ist ganz anders als meiner: Ich bin ein Morgenmensch, während sie abends noch lange munter ist.

Sie fängt an, mit mir zu telefonieren. Mitten im Alltag. Sie spricht richtig lange. Ich denke: Wann legt sie denn endlich auf? Ich muss doch noch was tun. Was höre ich im Hintergrund, während ich das noch denke? Ich höre, wie Sarah das tut, was sie noch tun muss: Sie gießt Blumen und wischt Staub und klappert fröhlich vor sich hin und spricht mit mir. Ach, so geht das, denke ich.

Nach zwei Jahren bin ich mir immer noch unsicher: Vielleicht passen wir nicht zusammen. Vielleicht hab ich mich doch vertan? Sie hat ja auch schon so viele Freundinnen. Vielleicht braucht sie mich gar nicht?

Irgendwann sind die Zweifel verschwunden. Irgendwann ist mir das so verhasste Telefon lieb geworden durch Sarah und ich kann nun auch schon Blumen gießen und Staub wischen und fröhlich vor mich hinklappern, während ich mit Sarah telefoniere. Manchmal telefoniert sie kurz mit mir. Mir zuliebe. Manchmal telefoniere ich lang mit ihr. Ihr zuliebe. Irgendwann war klar: Wenn es uns richtig schlecht geht, dann teilen wir uns das mit. Irgendwann konnten wir miteinander weinen und uns Dinge erzählen, die noch unausgegoren sind. Wir entdeckten, dass wir gut zusammen schwimmen gehen konnten oder zu meinem Lieblingsgriechen. Wir konnten über unsere größten Schwachstellen reden, über unsere Versäumnisse in Ehe und Familie. Wir wussten irgendwann, wie die andere aussieht, wenn sie einen ganz schlechten Tag hat. Steine auf dem Weg des Kennenlernens waren zu Kieseln geworden. Es sind nun kleine Kiesel, die man in der Marburger

Lahn übers Wasser flutschen lassen kann und die dann schöne Kreise ziehen.

Sarah ist immer noch lieber im Haus und könnte abends noch drei Stunden länger klönen. Ich laufe zu Fuß zu ihr und rede manchmal ziemlich knapp. Wir bleiben an einigen Stellen so unterschiedlich, dass wir immer mal wieder kurz verwundert sind. Aber es gibt Dinge zwischen uns, die gehen weit, weit über das hinaus. Die lassen uns froh und glücklich sein, wenn wir auseinander gehen, oder erleichtert. Manchmal sind wir angeregt zu neuen Gedanken oder sogar neuem Verhalten. Manchmal reden wir mit Gott über das, was die andere beschwert.

Freundschaft ist all das Schöne, Leichtgängige zusammen.

Und: Freundschaft ist, wenn's trotzdem hält – trotz der Unterschiede und Gegensätze.

„Viele sogenannte Freunde schaden dir nur, aber ein wirklicher Freund steht mehr zu dir als ein Bruder.“
Sprüche 18,24

„Duftendes Öl und Weihrauch erfreuen das Herz, aber noch angenehmer und wertvoller ist der gute Rat eines Freundes.“
Sprüche 27,9

In der nächsten Geschichte wird das Sams erwähnt. Es ist ein vorlautes Wesen, das in mehreren Kinderbüchern von Paul Maar auftaucht. Das Sams lässt sich von nichts und niemandem einschüchtern und kann auf geheimnisvolle Weise Wünsche erfüllen. In dem Kinderbuch „Ein Sams für Martin Taschenbier" zum Beispiel wird der schüchterne Junge Martin mutiger und selbstbewusster durch das Sams. Das Sams hat Punkte im Gesicht. Es sind Wunschpunkte. Damit kann sich Martin diverse Wünsche erfüllen, zum Beispiel zum Nachtisch Marzipanschweinchen herbeizaubern.

11. Wunschpunkte
nicht nur für das Sams

Mit einem Aufatmen ließ ich mich auf den Autositz neben Uli, meinen Mann, fallen. „Mein Bester, das wäre ja jetzt schön gewesen, du hättest mir mal eben den Schirm gehalten!" Es war nicht zu überhören, wie der Regen aufs Wagendach prasselte.

Die Scheiben beschlugen bereits. Ich hatte mir aus dem Kofferraum noch eine Lektüre für die Fahrt geholt und war dabei gehörig nass geworden. Tropfen rannen durch die vorher so schön gestylte Kurzhaarfrisur, das T-Shirt hing klamm an mir herunter.

Ein Seufzer von links holte mich aus meiner eigenen Bedauerung. „Wenn ich es denn gewusst hätte, hätte ich es gern getan!", sagte der beste aller Ehemänner, halb seufzend, halb schmunzelnd.

Ich fing an zu lachen. Da hatte mich doch tatsächlich mal wieder „Prinzessin Kerstin" eingeholt. Das kleine Fräuleinchen, das so gern wortlos Wünsche erfüllt bekommt. Dabei ist doch seit Paul Maars Sams ganz klar, dass das nur mit Worten geht: Wünsche erfüllt zu bekommen. Versehen mit unsichtbaren blauen Wunschpunkten im Gesicht, selbstbewusst und freundlich hätte ich zu ihm sagen können: „Ich wünsche mir, dass du mir den Schirm hältst!" Wir hätten an das Sams mit den blauen Wunschpunkten gedacht und gelacht. Tja, das Sams wäre vor der Fahrt nicht nass geworden.

Ganz nebenbei: Es gibt auch kleine Prinzen, nicht nur Prinzessinnen, wenn's ums Wünschen geht.

Heinz ist ein Sonnenanbeter und hat heute sein erstes Sonnenbad des Jahres genommen. Abends fällt ihm ein, dass es jetzt wunderschön wäre, wenn er noch mal am Rücken und im Nacken eingecremt würde. So eine verwöhnende „Aprés-Sonnen-Massage"! Ach, wie würde ihm das guttun. „Du, ich geh dann schon mal hoch ins Bett", hatte er zu Heidi gesagt. Anschließend hatte er ihr alles zurechtgestellt: Zwei Sorten Creme fanden sich mit bereits geöffnetem Deckel auf ihrem Nachttisch. Sicher würde sie dann gleich kommen und ihm die Massage angedeihen lassen. Das hatte sie ja schon manchmal getan.

Und Heidi? Die saß unten im Wohnzimmer, um erst mal abzuschalten nach dem langen Tag im Büro. Sie redete noch ein wenig mit ihrem Sohn, verfolgte nebenbei das laufende Fußballspiel und plante in Gedanken das kommende Wochenende. Morgen war Frauentreff, darauf freute sie sich.

Heinz' „Ich geh dann schon mal hoch"-Bemerkung hatte sie fast nicht registriert. „Ach, dann ist er wohl sehr erschöpft heute", dachte sie, „Schade, sonst hätten wir noch ein wenig zusammensitzen können."

Als sie sich schließlich ins Schlafzimmer begab, hörte sie die regelmäßigen Atemzüge ihres Mannes. Allerdings wunderte sie sich über die geöffneten Cremeflaschen, die sie auf ihrem Nachttisch im Dunkeln ertastete. Na, da war er wohl sehr müde gewesen heute, der Heinz ... hatte noch nicht mal die Dinger schließen können. Seltsam!

Als die beiden uns einmal beim Kaffee ihre Geschichte erzählten, musste ich laut lachen. „Du, das hätte von mir sein können", sagte ich zu Heinz. „Allerdings", pflichtete mein Mann bei.

Und das Sams? Nun ja, es wäre im Wohnzimmer stehen geblieben, hätte sich vor Heidi aufgebaut und gesagt: „Ich wünsche, heute noch im Bett eingecremt zu werden. Hättest du gleich Zeit dazu?"

Natürlich ist es auch mal nett, die Wünsche von den Augen abgelesen zu bekommen, aber: Wenn man sich nicht in die Augen sehen kann, weil sie zum Beispiel hinter dem Auto steht und dort im Kofferraum hantiert, während er am Steuer wartet, dann klappt das nicht.

Ebensowenig funktioniert es, wenn wir abends bei laufendem Fernseher im Wohnzimmer wie nebenbei zum Partner reden, der gar nicht merken kann, dass uns da gerade etwas unter den Nägeln brennt. Mit ziemlicher Sicherheit klappt das nicht!

Da lassen wir uns doch lieber vom Sams ermutigen: Wir haben jede Menge Wunschpunkte frei bei unserem Partner. Aber einlösen müssen wir die schon selbst. Der andere kann nicht ahnen, dass wir jahrelang schon lieber den fettarmen Joghurt essen, beim Sex langsamer gestreichelt werden wollen, das Busfahren rückwärts nicht vertragen oder uns freuen, wenn er abends mal zu Hause mit anpackt. Wie soll er von selbst darauf kommen? Wir müssen es ihm schon sagen.

Egal ob wir blaue Wunschpunkte im Gesicht, Sommersprossen oder nichts dergleichen haben: Wir müssen unsere Wunschpunkte schon selbst einlösen – gewusst wie!

„Sie tut ihren Mund auf mit Weisheit und auf ihrer Zunge ist gütige Weisung." Sprüche 31,26

12. *Die Friseurin, die „es" hat*

— • ◆ • —

„Wer ist denn die Nächste?" Die Friseurin fragt hinein in unsere Runde und gleich drei Frauen geben an, dass sie zu Melina wollen. Also kann sich der junge Mann bereits zum Sitzplatz am Spiegel bewegen; er kommt schon dran, obwohl er gerade eben erst das Friseurgeschäft betreten hat. Und wir anderen? Wir warten auf Melina … Eine Friseurin, die es einfach hat. Sie hat das gewisse Händchen für uns. Und deshalb sitzen wir hier und warten und lesen. Bis wir drankommen, bei Melina und keiner anderen.

Irgendwann war ich das erste Mal bei ihr, unter ihren Händen sozusagen. Ich schaute zu, wie sie mit meinen Haaren umgehen konnte. Dazu müssen Sie wissen, dass es nicht viele sind. Und dass sie dünn sind, meine Haare. Für Melina kein Problem. Sie schnitt und guckte und schnitt und zauberte. Sie schaffte es, dass ich mich ansah und mich richtig freute! Ein seltenes Erlebnis für mich beim Friseur – bis dahin. Und diese Freude machte sie vielen Frauen – durch ihr gutes Handwerk. Toll, eine solche Friseurin zu finden, besonders für diejenigen, die vom Herrgott nicht mit einer Pracht in Form von Locken oder üppigem Haar überschüttet wurden, sondern normale Haare haben oder dünne oder strähnige. Einfach keine besonderen Haare. Vielleicht sogar schwierige? Es ist wohl so: Wir Frauen müssen lernen, mit uns klarzukommen, und Melina versteht sich darauf, ihren Kundinnen darin ohne Worte Mut zu machen.

Ich erinnerte mich an Friseurinnen, die während des Schneidens Sätze sagten wie: „Das fällt aber auch einfach nur runter, Ihr Haar." Recht hatten sie, die Guten. Nur, ob ihnen klar war, dass das für mich auch nicht toll war, das jeden Tag zu spüren und nun auch noch gesagt zu bekommen? Andere schnappten mit Entschlossenheit zu und bearbeiteten meinen Kopf, als hätten sie einen dicken Pferdeschwanz zu bändigen. Rupf, rupf.

Bei Melina war plötzlich alles anders. Keine Sprüche. Ruhe. Und das Allererstaunlichste: Während ich sonst über jede Ecke und jeden Zipfel mit der Handwerkerin reden musste (hier kürzer, hier fransiger, da länger), *sah* Melina, was zu tun war. Sie hatte es einfach in der Hand und im Gespür. Im wahrsten Sinne des Wortes. Das also ist der Grund, warum ich da sitze und auf Melina warte und mit mir die anderen.

Irgendwann bin ich dran. Und dann kommt der Hammer: Melina erzählt mir, dass sie gehen wird. Was? Ich kann es nicht fassen. Sie wird gehen und woanders arbeiten, weil das Geld nicht reicht. Sie haben Kinder, ihr Mann und sie, und je älter die werden, desto teurer werden die Dinge. Das verstehe ich ja. Aber ich kann es noch gar nicht fassen, dass sie gehen wird. Wohin denn? Das wird der nächste Schreck. Sie wird in einem Lebensmitteldiscounter arbeiten. Oh Schreck, oh Graus. Nicht, dass ich ihr das nicht zutraue. Natürlich kann sie auch das. Sie ist freundlich und kann gut arbeiten. Klar schafft sie das. Aber sie ist doch geboren zum Haareschneiden. Genau das ist doch ihr Ding!

Ich schaue sie an und weiß doch, sie ist nicht zu halten. Sie wird gehen. Und gleichzeitig weiß ich in meinem Herzen etwas anderes: Ich glaube einfach nicht, dass das ihre letzte Entscheidung ist. Ich habe es im Gefühl. Ich bin mir richtig sicher. Sie gehört woanders hin als an die Ladenkasse.

So beginnt eine besondere Zeit. Melina wechselt zum Lebensmitteldiscounter, ich sehe sie dort ab und zu. Ich selbst muss ich mich auf die Suche nach einer neuen Friseurin begeben und mache dabei ein paar ziemlich teure und ziemlich frustrierende Erfahrungen. Nach einem halben Jahr habe ich eine Friseurin gefunden, die mit meinem Haar zurechtkommt. Sagen wir mal, einigermaßen. So weit, so gut?

Aber ich gebe nicht auf. Für mich nicht und für Melina nicht. Alle paar Monate frage ich Melina beim Einkauf, wie es so geht. Und irgendwann kommt der Tag, von dem ich schon wusste, dass er irgendwann kommen würde. Melina erzählt mir, dass ihr Vertrag nicht verlängert wird. Natürlich muss ich jetzt ein trauriges Gesicht machen, denn sie wird ja nun arbeitslos und das tut mir leid. Aber gleichzeitig will ich eigentlich lachen und mich freuen und sie in den Arm zwicken und sagen: Ich habe es doch gewusst! Sie kommen doch wieder zurück zur Schere. Wie auch immer. Das klappt schon. Das ist doch einfach klar!

Das geht natürlich nicht. Hier an der Kasse stehen noch mehr Kunden. Die werden nichts kapieren, die wollen bezahlen und weiter. Ich kann ihr nur noch zuflüstern: „Also geht es zurück zum Friseur?"

„Vielleicht, wenn ich etwas bekomme", sagt sie zögernd.

Natürlich bekommt sie etwas. Ich weiß es hier schon, beim Discounter. Nicke ihr ermunternd zu und weiß, was ich zu Hause tun werde: Ich werde ihre Telefonnummer heraussuchen, in vierzehn Tagen anrufen und als alte Stammkundin fragen, wo sie denn nun Haare schneidet.

„Melina Schmitz." Sie meldet sich am anderen Ende und ich frage, was zu fragen ist.

„Ich wollte Sie schon anrufen", sagt sie eifrig, „ich bin wieder beim Friseur, und zwar …" Während sie mir Weg und Öffnungszeiten durchgibt, freue ich mich und bin richtig glücklich. Natürlich erst mal für mich und meinen Kopf. Aber dann auch für Melina. Für das Haareschneiden und für nichts anderes ist sie geboren worden. Das weiß sie auch eigentlich. Ich weiß es auch. Und die vielen anderen Frauen, die sitzen und lesen und auf Melina warten, die wissen es auch.

Abends beim gemütlichen Abendessen in der Familie sage ich: „Leute, ich bin jetzt wieder bei Melina."

„Wie hast du denn das hinbekommen?", fragt mich meine Familie und ich erzähle die Geschichte von Melina, in deren Hand einfach eine Schere gehört.

Einige Tage später sitze ich mal wieder in meinem Friseursalon. Neben mir schneidet Melina jemandem die Haare. Während sie das tut, höre ich eine glückliche Frauenstimme sagen: „Ach, ich kann mich ja wieder richtig gern ansehen. Das sieht ja gut aus. Wann arbeiten Sie immer hier?"

Ich grinse in meinen Kaffee hinein. Tja, so ist das, Melina, wenn man zu etwas geboren ist!

„Es wird dann so sein wie bei dem Mann, der ins Ausland reisen wollte. Er rief alle seine Verwalter zusammen und beauftragte sie, während seiner Abwesenheit mit seinem Vermögen zu arbeiten. Dem einen gab er fünf Zentner Silberstücke, einem anderen zwei und dem dritten einen Zentner, jedem nach seinen Fähigkeiten. Danach reiste er ab. Der Mann mit den fünf Zentnern Silberstücke war so erfolgreich bei seinen Geschäften, dass er die Summe verdoppeln konnte. Auch der die zwei Zentner bekommen hatte, verdiente zwei dazu. Der dritte aber vergrub sein Geld an einem sicheren Ort." Matthäus 25,14-18

13. Infekteritis

„Hier spricht Frau Jahn von der Elisabeth-Schule. Können Sie bitte Ihre Tochter abholen, der geht es nicht gut." – „Nachricht beendet." Die monotone Stimme unseres Anrufbeantworters dringt erst gar nicht richtig an mein Ohr. Dann aber merke ich, dass das kein alter Anruf ist, sondern einer von heute. Ich stehe noch mit meinem Walking-Sportzeug bekleidet im Wohnzimmer und blicke auf die Uhr. Halb elf! Weiß gar nicht, woran ich jetzt zuerst denken soll, denn eigentlich ...

Aber zu dem „eigentlich" komme ich nicht mehr. Der Schlüssel in der Haustür dreht sich. Mein Mann kommt nie um die Zeit! Und da stehen sie: Lisanne, meine elfjährige Große, leichenblass und frierend, und Uli, mein Mann, mit ihrer Tasche.

Ich war unterwegs gewesen, walken mit meiner Nachbarin. Deshalb hatte man mich nicht erreicht. Uli hatte man erreicht. Der hatte seine Besprechung abgebrochen, um Lisanne abzuholen.

So, ich sehe schon, was jetzt dran ist. Wärmflasche, Fieberthermometer, den Eimer für ein eventuelles Übergeben organisieren und natürlich zwischendurch Lisanne fragen, was los ist. Nachdem sie erzählt hat und versorgt ist, braucht sie Ruhe. Und die brauche ich auch, denn in meinem Kopf ist „eigentlich". Eigentlich habe ich mir in dieser

Woche mitten im düsteren Februar eine Kurwoche verordnet. Das heißt für mich, dass ich mir die Vormittage freinehme für mich und erst mit dem Kommen des ersten Kindes aus der Schule wieder anfange zu arbeiten. So gegen halb eins.

Ach, herrliche Vormittage! Am ersten Tag habe ich einen auf „Wellness" gemacht: erst mal ausführlich Zeit für eine langen Spaziergang, dann ein wunderbares Wannenbad mit Nachruhzeit. Einfach herrlich! Und das schöne Gefühl: Mal sehen, was ich mir morgen Vormittag gönne ... Vielleicht Klavierspielen?

Diese Art „Kurwoche" habe ich dringend gebraucht. Ich habe sie mir nicht aus reinem Egoismus verordnet, weil Chillen so schön ist. Nein, ich habe ... ich hätte ... sie eigentlich sehr nötig. Wir hatten lange keinen Urlaub. Meine Reserven sind ziemlich aufgebraucht, ich bin sehr erschöpft und merke, dass ich auf mich achten muss, damit ich nicht krank werde. So, wie Lisanne jetzt aussieht, weiß ich, dass ich daran jetzt nicht denken kann. Denn sie *ist* bereits richtig krank. Ach ja!, seufze ich. Stopp! Wenn ich jetzt nicht aufpasse, dann kommt das Selbstmitleid gerade in großen Wogen auf mich zu und überflutet mich. Das muss ja nicht sein.

Ja ... gute Mütter können ja mit spontanen Herausforderungen umgehen und sind sehr anpassungsfähig. Stand es so nicht im Erziehungsratgeber? Wie gut, dass ich mich nur für eine halbwegs gute Mutter halte, denn ich musste ja seufzen und bin mittelmäßig frustriert. Das hilft nun alles nichts. Jetzt heißt es umplanen und sehen, wie sich das mit Lisanne weiterentwickelt.

Zwei Nächte später weint Nils, unser Siebenjähriger. Ohrenschmerzen! Wie oft hat er unter den Ohrenschmerzen schon Qualen gelitten. Nun also sind beide krank. Kurwoche ade! Hatte ich zunächst noch heimlich damit geliebäugelt, vielleicht die ganze Sache auf nächste Woche ..., weiß ich nun: Nächste Woche gilt es Apfelsinen auszuquetschen, vorzulesen, Antibiotika zu verabreichen und Ähnliches. Genauso kommt es. Es ist Nils' vierter Infekt in vier Wochen. Da geht gar nichts mehr.

Es ist Dienstag. Krankenpflege seit sechs Tagen. Ich bin so richtig selbstmitleidig. Obwohl meine beiden keine anstrengenden Kranken sind, wirklich nicht. Problemlos kann ich mal eine halbe Stunde raus, walken mit Handy, bis Nils mich anruft, ob ich die Märchenschallplatte mal umdrehen kann ... der wollte wohl einfach mal das Handy ausprobieren! Nein, sie beschäftigen sich mitunter ganz gut allein. Aber ich sehne mich einfach riesig nach Stille. Stille!!! Irgendwie wurde manches geschafft in den letzten Tagen, aber ich hatte kaum Zeit für Gott. Und die will ich jetzt haben.

„Du, nimm dir doch einfach ein Stoßgebet" – unvermittelt höre ich das von Jesus an diesem Dienstag, „und lass deine Arbeit ein Gebet sein."

Ein Stoßgebet? „Wie meinst du denn das, Herr? Ich wollte so gern in Ruhe ..."

„Ich weiß", höre ich ihn bestimmt. „Heute reicht ein Stoßgebet!"

Da bin ich mir allerdings gar nicht so sicher. Aber gut. Also, ein Stoßgebet. Gut. Ich will es probieren.

Zusammen mit Nils plane ich den Vormittag: Wir wollen eine kleine Runde frische Luft schnappen und anschließend darf er sich etwas von mir wünschen, denn Dienstagnachmittag gebe ich anderen Kindern Flöten- und Klavier-Unterricht und habe für ihn keine Zeit.

Wenig später sind wir unterwegs im Wald – und plötzlich ist da Frieden in meiner Seele. Wenn Nils spricht, höre ich ihm zu. Wenn er mal kurz „Tschüss" sagt, um einen Extraweg durchs Gehölz zu nehmen, dann bete ich. Manchmal reicht die Zeit für einen Satz, manchmal für mehr.

Der Himmel draußen ist entsetzlich grau, es ist kalter Februar – und mir geht es richtig gut. Ich weiß, dass mein Gott ganz nah bei mir ist. Ich freue mich daran, dass Nils zu Kräften kommt und Lisanne schon wieder fit genug für die Schule ist. Ich freue mich daran, dass Gott mir keinen frommen Druck macht, sondern sich an mir freut. Mehr eigentlich nicht. Aber eben auch nicht weniger. Ein mir wichtiges Gebet bete ich auch jetzt. „Jesus, wenn du mir etwas sagen möchtest, dann sag es mir."

Er antwortet: „Ich bin da!" Gut geht es mir dabei. Ich hatte keine Zeit zum Bibellesen, weder tagsüber noch frühmorgens, dazu war ich viel zu erschöpft. Aber ich bin Jesus begegnet. Und das hat mich mal wieder verändert.

Wir sind nach Hause gekommen. Nils hat sich gewünscht, mit mir zu basteln. Oh Schreck, oh Graus. Ich hasse Basteln. Bereits in dem Moment, wenn die Uhuflasche mich sieht, da klebt sie schon nicht mehr. Aber wir werden jetzt basteln. Eine Geschenkverpackung in Form einer Kuh soll es werden. Nils hat sich das im Bastelheft schon seit Wochen angeschaut und zum Ziel gesetzt, dass wir das auch hinbekommen. Hoffentlich geht das gut …

„Lass deine Arbeit ein Gebet sein." Jetzt muss ich fast lachen. „Herr, willst du mich ärgern?", frage ich ihn.

„Eigentlich nicht." Hm. Schon gut. Wir haben ja jetzt Zeit. Da wird es irgendwie gelingen.

Nach einer Stunde ist das Ding, die Kuh als Geschenkverpackung, fertig. Soll ich noch sagen, dass sie super aussieht? Sie sieht tatsächlich genauso gut aus wie im Bastelheft und das Uhu hatte die Freundlichkeit zu kleben, weil wir das Teil auf der Heizung trocknen ließen. Nils ist stolz und zufrieden. Und seine Mutter? Die hat in diesen Tagen eine Menge gelernt. Und zwar nicht nur, wie man eine Uhuflasche optimal benutzt.

Und: In ein paar Tagen werde ich die Möglichkeit haben, einen ruhigen Tag zu verbringen. Irgendwie reicht sogar die Power bis dahin.

Alles „passte". Sogar der alte Spruch, den ich mir irgendwann vor unserer Infekteritis-Woche aufgeschrieben hatte und wiederentdeckte:

„Denke daran, dass Gott zwischen den Töpfen und Pfannen ist und dass er dir in inneren und äußeren Aufgaben zur Seite steht." *Teresa von Avila*

„Ich habe deine Schultern von der Last befreit, den schweren Tragekorb habe ich dir abgenommen."   Psalm 81,7

„Kommet alle her zu mir, die ihr euch abmüht und unter
eurer Last leidet! Ich werde euch Ruhe geben."

Matthäus 11,28

14. *Eine Gott-Sucherin bleiben, egal, was kommt*

———— •◆• ————

Heute Abend werden wir drei uns manches von der Seele reden können. Das ist schon mal klar. Denn ich bin bei guten Freunden, Tim und Inga. Wir haben uns alle auf diesen Abend gefreut.

Auf dem Tisch stehen Krabben im Brotteig, dazu Salat und Baguette, Wasser und Wein. Mein Freund Tim sagt: „Die Krabben schmecken nicht!", er sagt es mit leuchtenden Augen, um mich zu foppen. In der Hoffnung, dass er die Dinger allein aufessen kann? Nein, eigentlich, um mich zu ermutigen, gut zuzulangen. Wir sind alle drei in guter Stimmung und gespannt, was jeder so erzählen wird.

Meine Freundin Inga steckt gerade mitten in einem spannenden Projekt: Sie singt mit Teenagern, die sie zum Teil vor einem halben Jahr noch nicht kannte. Sie proben gemeinsam für die Aufführung eines Musicals, die schon in den nächsten Tagen stattfinden wird. Spannende Zeit! Mensch, bin ich stolz auf sie. Dass sie so etwas anpackt! Wie sie das meistert! So viele junge Menschen singen mit Begeisterung in diesem Projekt mit. Viele davon haben bisher noch kaum Musik mit anderen gemacht. Toll, was sie ihnen ermöglicht.

Außer den jungen Sängern hat sie sich eine Band zusammengesucht, die das Ganze musikalisch begleitet. Ihr

Mann mischt tüchtig mit: spielt E-Bass, hilft insgesamt bei der Organisation, legt mit Hand an, wo immer er gebraucht wird.

Natürlich gibt es da auch Probleme, Schwierigkeiten, Durststrecken. Davon höre ich auch. Inga erzählt, wie sie an einem Abend total ausgelaugt von einer Probe nach Hause kam, überfüllt mit Eindrücken, sehnsüchtig nach Ruhe. So viel war schiefgegangen an diesem Tag, so viel müsste noch „werden" in der nächsten Zeit. „Am nächsten Morgen hab ich mir erst mal eine Zeit mit meinem Gott gegönnt. Einen schönen heißen Milchkaffee, Beine hoch und dann Zeit mit ihm verbringen."

Rums, eigentlich ein ganz normales Erlebnis für Menschen, denen Gott wichtig ist. Ruhe suchen bei ihm, gerade wenn es schwer ist im Leben. Aber mich rührt ihr Erzählen ganz tief an.

Zunächst treffe ich in meinen Gedanken eine gute Bekannte, sie heißt „Verantwortungsgefühl". Ich kenne genau die Zeiten, in denen ich mich ähnlich überfüllt, voll und sehnsüchtig nach Ruhe vor Gott fühle und in denen ich das erst mal auf „nachher" verschiebe. Auf „nach dem Einkauf" und „nach der Wäsche" und „nach dem Schreibtisch". Ich frage mich: Fällt mir das immer noch so schwer? Einfach mal zu entscheiden: Du legst das jetzt alles spontan erst mal für eine Viertelstunde aus der Hand, suchst deinen Gott und dann machst du weiter! Wie hart muss es bei mir kommen, damit ich etwas anderes, was auch wichtig ist, spontan sein lasse, um mit Gott zu reden?

Verstehen Sie mich nicht falsch, ich verbringe gern Zeit mit Gott, habe meine festen Zeiten für ihn. Aber manchmal wäre ein Mal mehr gut: „Und jetzt spontan damit zu Gott." Sofort. Um mich zu erleichtern. Weil das jetzt genauso wichtig ist wie die vielen anderen Pflichten, die ich habe. Und, wer weiß, vielleicht wäre ich dann hinterher mehr „dabei" – beim Einkauf, der Wäsche und dem Schreibtisch?

Ingas Erzählen rührt aber noch mehr in mir an. Ich treffe in meinen Gedanken eine neue Bekannte, die heißt: „Gott kannst du die richtig schweren Sachen eigentlich nicht zutrauen." Auch ich habe gerade keine leichte Zeit in meinem Leben. Ich schleppe Probleme mit mir herum, die nicht nur mein Leben, sondern das Leben vieler in unserer Kirchengemeinde betreffen. Und das, um was es dort geht, ist nicht mal eben so schnell zu lösen. Im Gegenteil! Durch Inga erinnere ich mich an einen Abend, an dem ich mit Sorgen beladen nach Hause kam. Eine anstrengende Sitzung lag hinter mir. Alles schien sich völlig festgefahren zu haben. Und statt mir mit dem allen eine Zeit mit meinem Gott im Himmel zu gönnen, habe ich erst mal für eineinhalb Tage nicht mehr mit ihm geredet. Ich habe so getan, als wäre Gott ein alter, herzkranker Mann, den ich schonen müsste, so à la: „Zu viel Aufregung ist nichts für dich. Das belastet dich zu sehr." Ich habe so getan, als wäre Gott insgesamt nicht stark genug, um meine Probleme und die der andern anzuhören, auszuhalten, mitzutragen. Ich habe nicht geschwiegen, weil ich eingeschnappt gewesen wäre, sondern einfach deshalb, weil ich dachte: Das ist ihm jetzt nicht zuzumuten!

Als ob ich ihm hauptsächlich nur von Erfolgen berichten und Freude machen dürfte! Ach, was bin ich doch für ein liebes Kind! Dies und das traue ich ihm locker zu, das Schöne, Leichte, Gute erzähle ich ihm sowieso gern, aber was ist mit den harten, dicken Brocken? Was ist mit den Dingen, die mich völlig an meine Grenzen bringen?

Dabei legt Gott gar keinen Wert auf „jederzeit fröhliche, erfolgreiche, liebe Kinder". Er legt Wert darauf, mein Vertrauen zu spüren. Aber so weit bin ich zu dem Zeitpunkt noch gar nicht. Das wird mir erst später klar.

Einige Tage, nachdem ich Inga getroffen habe, ist mein stiller Tag. Ich habe mir einen ganzen freien Tag reserviert, um zur Ruhe zu kommen. Gut so. Ich habe immer drei Teile für diesen stillen Tag: Zurückblicken auf das, was war; Lesen eines Textes aus der Bibel; Ausblicken nach vorn und Gebet für andere.

Dort in der Ruhe spricht Gott mich an und ich merke schmerzlich, dass ich ihm misstraut habe. Schon gleich in den ersten Stunden merke ich, was ich ihm vorenthalten habe. Ich habe ihm einfach nicht zugetraut, dass er auch dieses Problem schultern kann. Und das, obwohl ich schon manches Heftige in meinem Leben erlebt habe, was Gott geschultert hat. Das tut weh. Das schmerzt. Das will ich mit ihm klären.

Vielleicht habe ich geahnt, dass auch er keine schnelle Lösung hat? Vielleicht dachte ich, dass ich das nicht aushalten kann, wenn auch er nicht „sofort" eine Lösung parat hat?

Es tut unendlich gut, alles, aber auch alles vor ihm auszubreiten, obwohl ich keinerlei Lösungen am Horizont aufleuchten sehe. Aber was ich spüre, ist etwas anderes: Ich spüre neue Hoffnung zu leben, nach vorne zu gehen. Ich spüre neue Hoffnung, dass Gott diese Situation in unserer Gemeinde nicht entgleitet. Ich merke, wie der Wunsch in mir wächst zu vertrauen, obwohl ich noch nichts sehe. Und vielleicht werden wir auch noch einige Wochen oder Monate keine Lösungen sehen.

Die Krabben sind längst vertilgt an diesem Abend bei Inga und Tim. Wir drei Freunde haben eine Menge miteinander geteilt. Leider, leider müssen wir uns jetzt wieder verabschieden. Und meine „alte Bekannte", die mit dem Flüstersatz: „Gott kannst du die richtig schwierigen Sachen eigentlich nicht zutrauen."? – Von der werde ich mich auf der Stelle wieder verabschieden. Und Tschüss!

Ich will wegkommen davon, Gott aus übertriebener Vorsicht zu schonen. Ich will wegkommen davon, erst einen Anlauf zu brauchen, um Gott das Schwierige, Negative, Problematische, die dicken Brocken und das Schwergängige meines Lebens anzuvertrauen. Will wegkommen vom resignierten Alleingang. Will eine Gott-Sucherin bleiben, egal, was kommt.

Was für ein Irrtum, zu denken, ich kann mich ihm nicht zumuten. Er ist der Herr der Welt. Und meiner.

„Nur bei Gott komme ich zur Ruhe; geduldig warte ich auf seine Hilfe."
Psalm 62,2

„Meint ihr, ich könnte euch nicht befreien? Ihr denkt wohl, ich sei zu schwach, um euch zu helfen. O nein! Ich sage nur ein Wort, schon vertrocknet das Meer, und die Ströme versiegen; die Fische gehen elend zu Grunde und stinken, weil kein Wasser da ist."
Jesaja 50,2b

15. Und sie konnte einfach nicht für immer einschlafen

Keiner hätte anfangs damit gerechnet, dass sie das lange aushält: Helga im Altersheim! Wie sollte das werden? Allein schon wegen ihres Heimwehs würde es nicht lange gut gehen. So die Gedanken von vielen.

Es kam ganz anders. Es wurde eine unendlich lange Zeit für sie dort „drinnen" und für uns „draußen".

Helga musste mit über siebzig Jahren ins Altersheim, weil es anders nicht mehr ging. Ein ganzes langes Leben war sie, schon lange krank und behindert, liebevoll zu Hause gepflegt worden, und nun war das endgültig vorbei. Ihre Schwester Marianne, die diese Pflege immer geleistet hatte, brauchte selbst Hilfe. Deshalb musste Helga ins Altersheim. Nicht abgeschoben, sondern gut untergebracht wurde sie dort. So gut, wie man es eben in einer öffentlichen Einrichtung haben kann, sollte sie es haben.

Anfangs konnte sie noch aufrecht sitzen, und wenn ich sie besucht hatte, fuhr sie anschließend mit dem Rollstuhl zum Fenster, um mir sachte nach draußen zu winken. Ob sie das einige Wochen aushalten würde? Sie war gar nicht gemacht dafür, im Altersheim zu leben. Nun, wer ist das schon? Sie war es auf keinen Fall. Sie vermisste Marianne, die sie ihr Leben lang betreut hatte. Sie vermisste sie unendlich. Außerdem vermisste sie ihre gewohnte Umgebung.

Trotz aller Schwierigkeiten sich einzugewöhnen und trotz ihrem Heimweh nach „zu Hause" lebte sie. Trotz ihrer sehr wenigen Kräfte und starken Einschränkungen durch Lähmungen lebte sie. Überlebte sie – und nicht nur einige Wochen, wie manche dachten, sondern viel, viel länger.

Die Tage kamen und gingen. Ihre körperlichen Kräfte nahmen ab, sodass sie auf eine andere Station verlegt werden musste. Intensivere Pflege. Weitere körperliche Einschränkungen. Sie wurde nicht mehr in den Rollstuhl gesetzt.

Und dennoch konnte sie nach Jahren im Heim einfach nicht für immer einschlafen. Sie wusste, dass sie einschlafen würde, um anschließend für immer himmlisch leben zu können. Ein schöner Gedanke für sie. Das war ihr Ziel. Das war ganz klar für sie. Aber das Einschlafen ging einfach nicht.

Darunter litt sie, und wir mit ihr. Keiner wartete darauf, sie los zu sein, nein, sie wurde geschätzt. Viele hatten eine ganz eigene Geschichte mit ihr. Wir warteten um ihretwillen darauf, weil wir spürten, dass sie auf die himmlische Welt hoffte, wo sie nicht mehr leiden müsste und bei ihrem Gott sein könnte.

Aber sie konnte einfach nicht für immer einschlafen.

Einmal kam ich zu ihr und fand bereits anderen Besuch vor. Freundinnen von früher. Sie konnten Helgas Leid offenbar nur ertragen, indem sie davon sprachen, was sie doch noch alles könne. Sie wollten ihr Mut machen, Tröstendes damit sagen. Aber es war kein Trost darin, weil es so einfach nicht stimmte. Es war eher so etwas wie ein guter Wunsch.

Als ich anschließend allein mit Helga war, konnten wir zum ersten Mal über den Tod sprechen. „Was soll ich noch hier?", fragte Helga. Und noch während sie fragte, lief der Film vor meinem inneren Auge ab, was sie früher alles hier „gesollt" hatte: Trotz Behinderung konnte sie so vielen zuhören, Anliegen aufnehmen, trösten, für Menschen beten, ihnen Rat geben, singen, lesen, Fotokarten aufkleben und verschenken, telefonieren. Nun ging davon eigentlich fast gar nichts mehr. In wenigen klaren Momenten konnte sie vielleicht noch in Gedanken für jemanden beten. Vielleicht.

Aber obwohl alles andere nicht mehr ging, konnte sie einfach nicht für immer einschlafen.

„Was soll ich noch hier?" Helgas Frage hämmerte in meinem Kopf, als ich sie wieder verließ. Der Einzige, dem es lohnte diese Frage zu stellen, war Gott.

Was soll sie denn noch hier? Ihr Kummer tat mir weh.

Und während Helga nicht einschlafen konnte, starben andere: Menschen, die viel konnten und sehr gebraucht wurden. Sie prangten als Schreckensmeldungen auf den Zeitungen und Illustrierten. Sie wurden in den Nachrichten genannt. Hoffnungsvolle Kinder, im Leben stehende Mütter und Väter, erfolgreiche Singles. Entführt, misshandelt, verunglückt, sich selbst ins Elend gestürzt. Herausgerissen aus dem Leben, spontan, ungeplant oder geplant, nach menschlichem Ermessen zu früh. Helga aber konnte einfach nicht für immer einschlafen.

Was sollte sie denn noch hier?

Wie oft haben wir das still für uns gefragt.

Wir haben es nicht erfahren. Wohl deshalb nicht, weil der, der als Einziger eine Antwort darauf geben kann, sie uns zu dieser Zeit nicht sagen konnte. Das gibt es.

Dieser Gott, der Herr ist über Leben und Tod, ließ unsere Helga dann doch irgendwann endlich, endlich für immer einschlafen, damit sie dann bei ihm für immer himmlisch weiterleben kann.

Es sind nicht Tage und Monate im Altersheim für Helga geworden, sondern Jahre. Als sie schon lange nicht mehr sprechen konnte, da ging als für uns alle unerklärliches Wunder nur immer noch eins: Sie konnte Lieder von Gott singen. Ja, sie konnte noch singen.

In solchen Minuten berührte der Himmel mal wieder die Erde. Trotz allem, trotz all dem Leid und Kummer von Helga, konnten wir dort etwas ganz Besonderes und Einzigartiges wahrnehmen: In den Liedern konnten wir den einzigen Herrn über Leben und Tod erahnen und erspüren. Das füllte ihre Zwischenzeit, die Zeit, bis sie irgendwann endlich für immer einschlafen konnte, um dann für immer himmlisch zu leben.

„Aber er (Jesus) legte seine rechte Hand auf mich und sag-
te: Fürchte dich nicht! Ich bin der Erste und der Letzte,
und ich bin der Lebendige. Ich war tot, doch nun lebe ich
für immer und ewig, und ich habe Macht über den Tod und
das Totenreich."

Offenbarung 1,17b–18

„Glücklich sind die Trauernden, denn sie werden Trost fin-
den."   *Matthäus 5,4*

16. Was ist, wenn Mama sich verliebt?

———— • ◆ • ————

Mann, ist der Mann lang! Es ist das erste Mal, dass ich mit einem so langen Menschen tanze. Irgendwie weiß ich gar nicht, wo ich hinschauen soll. Will ich ihm ins Gesicht sehen, muss ich mich fast verrenken. Macht sich auch nicht so gut beim Foxtrott … Also blicke ich seine Schulter an oder schaue mir die Hochzeitsgäste um uns herum an. Und ansonsten lasse ich mich im Viervierteltakt führen.

Der Tanz ist vorbei. Ich verabschiede mich von dem langen Hans. Ein netter Mensch! Guter Freund meiner Freundin, die heute heiratet. Schön, dass ich den nun mal kurz kennenlernen konnte.

Ach, wie gut, dass mein Uli nicht soooo lang ist. Weil er zehn Zentimeter größer ist als ich, können wir uns beim Tanzen oft ansehen. So bin ich es gewöhnt. Und ich bin auch seine kleinen Augensignale gewöhnt, die er beim Tanzen sendet. Weiß, wann der Kick im Cha-Cha-Cha kommt und vieles andere mehr. Schade, dass ich auf dieser Hochzeit nicht mit ihm tanzen kann. Er ist daheim, weil er morgen Dienst in der Kirche hat. Deshalb wird das auch der einzige Tanz für mich auf dieser Hochzeit bleiben. Die anderen sind ja fast alle paarweise da und schwingen bereits wieder das Tanzbein.

„Wie war es?", fragt meine Große, als ich mich wieder hinsetze.

„Ganz nett", sage ich, „aber nicht so gut wie mit Papa."

„Na, vielleicht fordert dich ja noch mal jemand auf", sagt meine Tochter, „oder du fragst noch mal jemand. Leider konnte ich kein Foto machen, es waren immer Leute dazwischen", sagt sie noch und zeigt auf ihre neue Digitalkamera. Die hat sie mitgenommen, um für Papa alles im Bild festzuhalten.

Tage später. Wir sind wieder daheim und erzählen dem Papa, wie es war. Er muss auch alle für ihn geschossenen Fotos begutachten. Meine Große erzählt noch vom Tanz mit Hans, weil es ja davon kein Foto gibt, und unvermittelt sagt Nils, mein Sohn: „Ich dachte schon, vielleicht verliebt sich Mama jetzt ..."

Alle sind still.

„Was?", frage ich. „Hast du das wirklich gedacht?"

Nils, unser Achtjähriger, nickt still und stumm auf meinem Schoß, umgeben von seinen Kinderängsten, die er nun zum Glück herausgelassen hat. Ich halte einen Moment inne und dann sage ich: „Weißt du, Nils, das hätte passieren können. Aber es wäre kein Drama gewesen. Dann hätte Mama mit ihrer Seelsorgerin darüber geredet und überlegt, wie sie jetzt ihr Herz schonen kann. Das Verlieben kann jedem passieren, aber wichtig ist, ob ich dann etwas daraus mache oder nicht."

„Du meinst, ob ihr euch trefft und so ..."

„Genau", sage ich.

Ich setze noch einmal an: „Weißt du, Nils, einmal habe ich mich verliebt, als ich schon mit Papa verheira..." Weiter komme ich gar nicht.

Denn jetzt ist Lisanne auf dem Plan. „Was? Wie heißt er? Wer war das? Sah er gut aus?" „Das werde ich dir nicht sagen", antworte ich, „das ist jetzt nicht wichtig."

„Doch, das will ich aber unbedingt wissen!"

Wir lachen alle. „Weißt du, Lisanne, das kann Papa auch passieren. Da kommt vielleicht jemand in die Kirche und schmeißt sich Uli an den Hals, um ihm alle Probleme zu erzählen und ..."

Die Augen der Kinder werden immer größer. Stimmt, Papa sieht ja auch nicht unattraktiv aus. Da kann man sich schon vorstellen, dass einsame Damen in der Lebensmitte auch mal mehr Kontaktaufnahme wünschen als nur von dem dritten Platz in der fünften Reihe der Kirche aus.

„Papa und ich haben uns ja etwas versprochen, nämlich in guten und in bösen Tagen einander treu zu sein. Und die bösen Tage sind nicht die, wenn die Spülmaschine nicht läuft oder einer von uns Schnupfen hat. Es sind zum Beispiel die, wenn sich einer von uns verlieben würde oder wenn wir merken, wir haben uns auseinandergelebt. Für solche Zeiten haben wir uns versprochen, uns trotzdem zu lieben. Das heißt, dass wir dann nicht wegrennen, sondern uns umeinander bemühen und reden und Auswege suchen und beten und tanzen und streiten ... und irgendwann ist dann das Problem weg. Vielleicht lösen wir das nicht allein, dann haben wir beide, Papa und ich, enge Vertraute, mit denen wir das angehen können. Und Gott ist auch noch da. Der schaltet sich ein und hilft uns. So schonen wir unsere Herzen."

Nils ist nun ganz zufrieden auf meinem Schoß. Seine Ängste haben sich vielleicht nicht ganz in Luft aufgelöst. Zumindest sind sie kleiner geworden.

Lisanne ist auch zufrieden; sie liebt die Gespräche bei Tisch. Für meine Große war es, glaube ich, sonnenklar, dass Papa und Mama sich nicht trennen. Für sie war es wohl eher eine Überraschung, dass Papa und Mama auch Menschen sind, die sehr wohl sehen, ob da eine andere Frau oder ein anderer Mann beeindruckend sein können.

Wie erleichternd: Der gute Hans darf wieder seiner Wege gehen und tanzen mit kurzen und längeren Frauen, wie er will. Und die Dame in der fünften Reihe der Kirche kann weiterhin der Predigt zuhören.

Wir lösen unsere Runde beim Abendbrot auf. Beide Kinder gehen ihren Dingen nach, packen ihre Ranzen und stopfen sich fröhlich noch einige Gummibärchen rein. Ich verrichte meine Arbeit in der Küche und denke darüber nach, wie es zu solchen Kinderängsten kommt.

Leider fällt mir eine ganze Menge ein. Mittlerweile sind die Kinder umgeben von Familien, die anders leben als wir: Fred hat nur seine Mutter, seinen Papa kennen wir nicht. Lisa ist zu ihrem Papa aufs Dorf gezogen, ihre Eltern haben sich getrennt. Nachmittags ist sie häufig allein. Jetzt lebt sie in der Woche beim Papa und am Wochenende mit ihm bei der neuen Mutter. Lisas Mutter hat nämlich einen neuen Lebensgefährten, mit dessen Tochter sich Lisa nicht versteht.

Neben diesen Lebensumständen, mit denen die Kinder täglich konfrontiert werden, gibt es auch noch das Fernsehen. In der Vorabendserie am Freitag („Der Landarzt"), die unsere Große eine Weile immer gerne zum Abschalten von der Woche gucken wollte, wimmelte es nur so von Frauen und Männern – die meisten davon in Beziehungen und doch immer auf dem Sprung. Die unausgesprochene Botschaft dahinter: Wenn es nicht mehr passt und nicht mehr leicht ist und das Gefühl fehlt und die Probleme zu groß sind, dann geht man eben. Die einen gehen leise, die anderen laut. Man geht und fängt ein neues zauberhaftes Leben an, bis es nicht mehr leicht ist und das Gefühl fehlt und die Probleme zu groß sind ... Und dann kann man ja wieder gehen. Schwups! Die Partner werden gewechselt wie benutzte Taschentücher. Die haben einfach ausgedient! – Schlussendlich haben wir die Serie inzwischen für unsere Zwölfjährige gestrichen und etwas anderes zum Abschalten gesucht.

Noch wichtiger aber ist uns, dass die Kinder bemerken: Wir als Eltern wollen unsere Herzen bewahren, wir wollen treu sein, wir wollen auch mal kämpfen für unsere Liebe. Wir haben Rettungsanker überlegt, die wir auswerfen, wenn „es" passiert ist.

„Es" könnte Hans sein, der ahnungslose nette Tanzpartner, und „es" könnte Gabi sein, die eifrige Gottesdienstbesucherin. Es könnte sein, dass wir mal ganz schön kämpfen müssen um unsere Liebe. Aber es wird sich lohnen! Uns steht eine ganze gemeinsame Lebenszeit zur Verfügung, in der wir die Chance haben, zu wirklich Liebenden zu werden. Bis der Tod uns scheidet! So hat Gott es sich ausgedacht!

Was also ist, wenn Mama sich verliebt? Sie hat sich vorgenommen: Dann wird sie kämpfen und sich bemühen und reden und Auswege suchen und beten und tanzen und streiten. Das nämlich nennt man: Liebe und Treue!

„Liebe ist immer bereit zu verzeihen, stets vertraut sie, sie verliert nie die Hoffnung und hält durch bis zum Ende."

1. Korinther 13,7

17. Eine Weihnachtsgeschichte – oder: Ich bin da hineingekommen

„Und dann schreibst du noch eine Weihnachtsgeschichte für das Buch, ja?", sagt sie, meine Lektorin.

„Eine Weihnachtsgeschichte?", antworte ich fragend. „Nein, das ist nichts für mich." Ich bin völlig auf Abwehr.

„Ja, gerade deshalb", sagt sie, meine Lektorin, „damit stehst du ja nicht alleine."

„Ach, Petra", stöhne ich, „das muss ich mir noch mal alles gut überlegen."

Sie ist normalerweise gar nicht so bestimmend, die Petra, aber dieses Mal ist sie nicht davon abzubringen.

Wie soll *ich* denn eine Weihnachtsgeschichte schreiben? Ich, die ich jedes Jahr spätestens im Herbst irgendwann so etwas wie eine Weihnachtsdepression bekomme?

Nein, noch nicht Ende August, wenn ich mich leicht sonnengebräunt im Top bei Aldi an den Spekulatius vorbeischiebe. Dann kann ich ihr noch widerstehen, der deutschen Weihnachtstraurigkeit. Aber spätestens im Oktober haben sie mich wieder erreicht: sämtliche alljährlich wiederkehrenden Fragen rund um die Gestaltung eines Festes, das so schnell verdeckt ist unter Tannennadeln, Zimt, diversen Bräuchen, vielen Ansprüchen und einer Menge Arbeit. Wieso das alles in einer Zeit, in der alle durch die Dunkelheit draußen sowieso nicht so frisch und gut gelaunt sind wie zu anderen Zeiten? Aber Weihnachten naht. Da soll wieder richtig was geschafft werden!

Es geht los damit, die Kinder an das Erstellen der Wunschzettel zu erinnern. Das braucht drei Aufforderungen, bis das läuft. Ab diesem Zeitpunkt habe ich die Dinger zu überwachen und mit den Vorstellungen der Großeltern abzugleichen. Bei mir persönlich doppelt sich die ganze Sache, weil außer dem Christkind mein eigenes Kind an Weihnachten Geburtstag hat. Wenn ich also Mitte November mit der Wunschzettelaktion anfange, bin ich eigentlich schon zu spät, damit alle Rückläufe, Fragen und Bestellungen in Familie und Verwandtschaft klappen.

Weihnachten erfordert Gerechtigkeit. Wir haben zwei Kinder, da muss „es" stimmen. Die Geschenke müssen nicht nur ausgewählt und beschafft und verpackt werden, sie sollten so ausfallen, dass es gerecht ist, gleich viel gekostet hat, ähnlich wertvoll aussieht und natürlich auch gefällt. Wie kriegt man das hin, wenn eins ein Junge, das andere ein Mädchen ist und im Alter dreieinhalb Jahre dazwischen liegen? Die Antwort ist klar: Man schafft es nicht, zumindest nicht immer. So wägt man ab, bis zum Tag vor Heiligabend – das sind dann geschlagene sechs Wochen. Am 23. gibt es dann nichts mehr abzuwägen, die Dinge sind entschieden.

Und so eine wie *ich* soll eine Weihnachtsgeschichte schreiben?!

Von den heimeligen Dingen habe ich ja noch kein Wort erwähnt: vom Schmücken der Wohnung, den Plätzchen und den gebastelten Kleinigkeiten (auweia, wie ist das noch mit dem Basteln, wenn das der Mama gar nicht liegt?). Meine Nachbarin braucht einen ganzen Tag zum Schmücken. Einen ganzen Tag. Woher nimmt sie den? Ich habe ihn nicht, denn mein Leben läuft leider in der Adventszeit genauso weiter wie immer, mit Kochen und Mails beantworten, Staub wischen und Geschichten schreiben, Vokabeln abfragen und dem Transport zur Krankengymnastik. Ich mag dieses Leben, aber ein ganzer Tag zum Schmücken, der fehlt einfach. Bleibt noch das Plätzchenbacken. Das läuft. Endlich eine Sache, bei der ich richtig gut mitmache und sogar noch erfolgreich bin.

Und Gott? Manchmal frage ich mich, was er denn hat von all dem Zinnober, der Geschäftigkeit und dem Leben im Ausnahmezustand. Ob er manchmal traurig ist und denkt: Meine lieben Leute! Eigentlich wollte ich nur, dass ihr mal richtig intensiv spürt, dass ich jedem von euch ein Geschenk gemacht habe! Eigentlich wollte ich nur, dass ihr mal Zeit zum Freuen habt, dass ihr mal ein Weihnachtslied so tief von Herzen singt wie sonst eure anderen Lieblingssongs! Eigentlich wollte ich, dass ihr spürt: Es gibt viel, viel Wichtigeres als die Weihnachtsdeko und Geschenke und Schokonikoläuse und den Glitzerkram um euch herum! Nix dagegen. Aber eigentlich habe ich euch jemanden geschickt, der euch Gutes bringt. Der euer Leben und Denken auf den Kopf stellen kann! Eigentlich wollte ich – an Weihnachten wie an jedem anderen Tag – nur euer Herz!

Ob er das manchmal oder sogar öfter denkt?

Stimmt, ich habe schon eine Menge gekürzt und gefeilt an meinem, unserem familiären Weihnachtsfest. Überlege immer wieder neu, wie Gott an Weihnachten (und davor und danach!) mein Leben und Denken auf den Kopf stellen darf. Nehme mir im Advent auch Zeit für einige Einsame. Irgendwann habe ich trotzdem eine innere Unruhe gespürt, obwohl wir Wendels schon auf unsere Weise feiern. In mir lebte immer wieder die Frage: Was wird denn „mein Weihnachten" sein, wenn es das alles samt Tannenbaum, Weihnachtsstreit und Geschenkpapierbergen nicht ist? Was ist, wenn alles irgendwie leer bleibt, wenn ich leer bleibe? Das war meine Weihnachtsfrage, die hinter allem herauslugte, so wie ein unerwünschtes Geschenk aus dem Geschenkpapier herausschaut und manche Hoffnungen zerplatzen lässt.

Dann fand sie letztes Jahr doch statt, *meine* Weihnachtsgeschichte. Sie ereignete sich eines Morgens in der Adventszeit – früh um halb sieben mit ungewaschenem Haar und einer Kaffeesehnsucht im Bauch. Sie stand auf der Fensterbank in der Küche. Ein kleiner Kalender war es mit Gedanken zum Weihnachtsgeschehen und Bibelversen. Nachdem die ersten Tage mit ihm verstrichen waren, einfach so, meldeten sich die Gedanken des Kalenders so lautstark zu Wort wie die Kirchenglocken an Heiligabend: laut, fröhlich, sicher, klar. Direkt in mein Leben hinein. Sie passten in meinen ach so vollen, beanspruchten normalen Alltag und sie sagten den Satz, den ich so dringend brauchte:

Ich bin da hineingekommen!

Eine Weihnachtsgeschichte soll das sein? Ja, eine Weihnachtsgeschichte. Das ist meine Weihnachtsgeschichte. So kurz und einfach und wenig sentimental. „Ich, Gott, bin da hineingekommen" – in all die Sorgen, die weihnachtlichen und die richtig großen, mächtigen, starken Sorgen unabhängig von Weihnachten. „Ich bin da hineingekommen" – in all die Probleme und Fragen und nie abgeschlossenen Schwierigkeiten, die auch an Weihnachten da sind oder da manchmal noch mächtiger sind.

„Ich bin da hineingekommen."

Gott sei Dank! Hey, da muss man einfach singen! Tief aus dem Herzen! Sich freuen! Glücklich sein! Zusammen mit ganz, ganz vielen Menschen auf der Welt! Das Leben und Denken auf den Kopf stellen lassen – ein ganzes Jahr lang. Und dann noch ein Jahr lang ...

Vielleicht sollte ich doch mal eine Weihnachtsgeschichte schreiben, Petra, aber die wird ganz kurz.

„Er kam in seine Welt, aber die Menschen nahmen ihn nicht auf. Die ihn aber aufnahmen und an ihn glaubten, denen gab er das Recht, Kinder Gottes zu werden."

Johannes 1,11 und 12

Stichwortverzeichnis

Welche Themen finden sich in welcher Geschichte?

Verzeichnis
der verwendeten Bibelstellen

Kerstin Wendel

Was heißt hier „schön"?

Eine Frau findet ihre Lebensspur

144 Seiten, Taschenbuch
ISBN 978-3-7655-4073-8

Kennen Sie das? Sie stehen vor dem Spiegel und fragen sich: Wer bin ich eigentlich? Was bin ich wert? Kerstin Wendel weiß noch genau, wie sie sich früher fühlte, wenn sie in den Spiegel sah. Sie mied ihn, sooft es ging. In diesem Buch erzählt sie von ihrer Reise zu sich selbst, die für sie mit 37 begonnen hat. Nach und nach entdeckte sie Verstecktes, Unentdecktes, Krummes, Schlummerndes und auch viel Schönes.

Heute ist sie bei sich angekommen, ist freier und froher denn je, lacht inzwischen in den Spiegel: „Ja, das bin ich!"

BRUNNEN VERLAG GIESSEN
www.brunnen-verlag.de

Claudia Filker

10 1/2 gute Gründe, es nicht mehr allen recht zu machen

80 Seiten, Taschenbuch
ISBN 978-3-7655-3768-4

Wie wir mit übersteigerten Erwartungen gut umgehen, wie wir manche Erwartungen überhaupt als zu hohe Erwartungen erkennen, wie wir mehr und mehr eigene gute Entscheidungen treffen können – all das vermittelt Claudia Filker auf ihre gute, praktische Art: kurz, klar, mit Humor und mit vielen Alltagsbeispielen aus Beruf und Familie. Damit spricht sie Frauen in allen Alters- und Lebenssituationen an.

Ganz nebenbei wird Grundsätzliches deutlich: Leben heißt Entscheidungen treffen. Und Lebensqualität wächst mit einer zunehmenden Gelassenheit – und mit der Fähigkeit, nicht alles zu wollen, es nicht allen recht machen zu müssen.

BRUNNEN VERLAG GIESSEN
www.brunnen-verlag.de

Mel Lawrenz

Wenn ich glauben könnte

Den eigenen Weg finden
in einer vielfältigen Welt

224 Seiten, Gebunden
ISBN 978-3-7655-1109-7

Viele Menschen wollen glauben – aber woran? An wen?
Und – ganz praktisch – wie?

Mel Lawrenz schreibt anregend und anschaulich, wie
man seinen eigenen Weg finden und an Gott glauben kann.
Er schreibt persönlich und sachlich zugleich, mit Respekt
für alle Religionen, Glaubensrichtungen und Strömungen,
über die er kurz, griffig und übersichtlich informiert – eine
erfrischende Entdeckungsreise in Sachen Glauben, wie
man sie doppelt gut gebrauchen kann:
– als Suchender: um zu verstehen, was Christen heute glauben,
– als Christ: um ausdrücken zu können, was man glaubt
und warum.

BRUNNEN VERLAG GIESSEN
www.brunnen-verlag.de